2024

国家统一法律职业资格考试

主观题小讲义

飞跃考试辅导中心 编

中国法制出版社

图书在版编目（CIP）数据

2024国家统一法律职业资格考试主观题小讲义/飞跃考试辅导中心编. —北京：中国法制出版社，2024.3

ISBN 978-7-5216-4267-4

Ⅰ.①2… Ⅱ.①飞… Ⅲ.①法律工作者—资格考试—中国—自学参考资料 Ⅳ.①D920.4

中国国家版本馆CIP数据核字（2024）第044821号

责任编辑：成知博（chengzhibo@zgfzs.com） 封面设计：杨鑫宇

2024国家统一法律职业资格考试主观题小讲义
2024 GUOJIA TONGYI FALÜ ZHIYE ZIGE KAOSHI ZHUGUANTI XIAOJIANGYI

编者/飞跃考试辅导中心

经销/新华书店

印刷/三河市紫恒印装有限公司

开本/850毫米×1168毫米 24开 印张/11.25 字数/212千

版次/2024年3月第1版 2024年3月第1次印刷

中国法制出版社出版

书号ISBN 978-7-5216-4267-4 定价：36.00元

北京市西城区西便门西里甲16号西便门办公区

邮政编码：100053 传真：010-63141600

网址：http://www.zgfzs.com 编辑部电话：010-63141809

市场营销部电话：010-63141612 印务部电话：010-63141606

（如有印装质量问题，请与本社印务部联系。）

出版说明

PREFACE

在2023年法考烽火熄灭、2024年法考战鼓又将擂响之时,为了满足广大主观题考生朋友高效备考的需要,飞跃考试辅导中心组织编写了《2024国家统一法律职业资格考试主观题小讲义》一书。

根据考生的反馈信息,本书在编写时突出了三大特点:

◎**精选核心知识点**。本书严格按照法考大纲要求,优选近年来司法考试真题及法考回忆题(仿真题)考查的核心知识点,提炼知识要点,捋清知识脉络,帮助考生提高备考效率。

◎**随学随练**。为了避免考生陷入"一学就懂,一做就错"的备考误区,本书在知识点下配备了精选练习题,通过练习增强对知识点的理解和掌握。

◎**法条检索技巧**。本书在附录部分收录了"法条检索定位导学",以期有效帮助考生掌握考场法条检索技巧。

"宝剑锋从磨砺出,梅花香自苦寒来"。预祝广大考生朋友顺利通关法考主观题考试!

目录 CONTENTS

理论法学

考点01 习近平法治思想的重大意义 ……001
考点02 习近平法治思想的核心要义（"十一个坚持"） ……001
考点03 习近平法治思想的实践要求 ……004

刑法

考点01 主观构成要件 ……006
考点02 认识错误 ……009
考点03 客观违法阻却事由 ……011
考点04 因果关系 ……015
考点05 犯罪形态 ……017
考点06 共同犯罪 ……020
考点07 罪数 ……022
考点08 刑罚 ……025
考点09 非法拘禁罪 ……029
考点10 绑架罪 ……032

考点 11	故意杀人罪	035	考点 14	诈骗罪	045
考点 12	抢劫罪	037	考点 15	贪污罪	048
考点 13	侵占罪	042	考点 16	受贿罪与行贿罪	050

刑事诉讼法

考点 01	认罪认罚从宽原则	055	考点 06	第一审程序	083
考点 02	管辖	059	考点 07	第二审程序	092
考点 03	辩护	063	考点 08	死刑复核程序	097
考点 04	刑事证据与证明标准	070	考点 09	审判监督程序	100
考点 05	侦查	077	考点 10	特别程序	104

民法

考点 01	民事法律行为	110	考点 06	抗辩权	127
考点 02	物权变动	111	考点 07	合同解除	129
考点 03	担保物权	115	考点 08	买卖合同	132
考点 04	债的保全	120	考点 09	租赁合同	136
考点 05	债的移转	124	考点 10	建设工程施工合同	141

民事诉讼法

考点 01	撤诉	144	考点 05	第一审程序	163
考点 02	管辖	147	考点 06	第二审程序	166
考点 03	当事人	153	考点 07	再审程序	170
考点 04	证据与证明	158	考点 08	执行程序	174

商法

考点01　法人人格否认 180
考点02　公司担保 183
考点03　股东出资与责任 185
考点04　股东资格 188
考点05　股东权利 192
考点06　公司决议 196
考点07　公司的变更 198
考点08　股权转让 202

行政法与行政诉讼法

考点01　行政许可 207
考点02　行政处罚 210
考点03　行政强制措施 215
考点04　行政强制执行 218
考点05　行政复议 225
考点06　行政诉讼受案范围 232
考点07　行政诉讼管辖 235
考点08　行政诉讼参加人 239
考点09　行政协议 250
考点10　抽象行政行为 255
考点11　行政附带民事诉讼 257
考点12　行政公益诉讼 260

附录　法条检索定位导学 262

理论法学

考点01　习近平法治思想的重大意义

考点精讲

1.习近平法治思想是马克思主义法治理论同中国法治建设具体实际相结合、同中华优秀传统法律文化相结合的最新成果。

2.习近平法治思想是对党领导法治建设丰富实践和宝贵经验的科学总结。

3.习近平法治思想是在法治轨道上全面建设社会主义现代化国家的根本遵循。

4.习近平法治思想是引领法治中国建设实现高质量发展的思想旗帜。

考点02　习近平法治思想的核心要义（"十一个坚持"）

考点精讲

1.坚持党对全面依法治国的领导

（1）党的领导是中国特色社会主义法治之魂。

（2）全面依法治国是要加强和改善党的领导。

（3）坚持党的领导、人民当家作主、依法治国有机统一。

（4）坚持党领导立法、保证执法、支持司法、带头守法。

（5）健全党领导全面依法治国的制度和工作机制。

2.坚持以人民为中心

（1）以人民为中心是中国特色社会主义法治的根本立场。

（2）坚持人民主体地位。

（3）牢牢把握社会公平正义的价值追求。

（4）推进全面依法治国的根本目的是依法保障人民权益。

3.坚持中国特色社会主义法治道路

（1）中国特色社会主义法治道路是建设中国特色社会主义法治体系、建设社会主义法治国家的唯一正确道路。

（2）中国特色社会主义法治道路的核心要义：坚持党的领导；坚持中国特色社会主义制度；贯彻中国特色社会主义法治理论。

4.坚持依宪治国、依宪执政

（1）坚持依法治国首先要坚持依宪治国，坚持依法执政首先要坚持依宪执政。

（2）宪法是国家的根本法，是治国理政的总章程。

（3）全面贯彻实施宪法。

（4）推进合宪性审查工作。

（5）深入开展宪法宣传教育。

5.坚持在法治轨道上推进国家治理体系和治理能力现代化

（1）全面依法治国是国家治理的一场深刻革命。

（2）法治是国家治理体系和治理能力的重要依托。

（3）更好发挥法治固根本、稳预期、利长远的保障作用。

（4）坚持依法治军、从严治军。

（5）坚持依法保障"一国两制"实践与推进祖国统一。

（6）坚持依法治网。

6.坚持建设中国特色社会主义法治体系

（1）建设中国特色社会主义法治体系是推进全面依法治国的总目标和总抓手。

（2）建设完备的法律规范体系。

（3）建设高效的法治实施体系。

（4）建设严密的法治监督体系。

（5）建设有力的法治保障体系。

（6）建设完善的党内法规体系。

7.坚持依法治国、依法执政、依法行政共同推进，法治国家、法治政府、法治社会一体建设

（1）全面依法治国是一个系统工程。

（2）法治国家是法治建设的目标。

（3）法治政府是建设法治国家的主体。

（4）法治社会是构筑法治国家的基础。

8.坚持全面推进科学立法、严格执法、公正司法、全民守法

（1）科学立法、严格执法、公正司法、全民守法是推进全面依法治国的重要环节。

（2）推进科学立法。

（3）推进严格执法。

（4）推进公正司法。

（5）推进全民守法。

9.坚持统筹推进国内法治和涉外法治

（1）统筹推进国内法治和涉外法治是全面依法治国的迫切任务。

（2）加快涉外法治工作战略布局。

（3）加强对外法治交流合作。

（4）为构建人类命运共同体提供法治保障。

10.坚持建设德才兼备的高素质法治工作队伍

（1）建设一支德才兼备的高素质法治工作队伍至关重要。

（2）加强法治专门队伍建设。

（3）加强法律服务队伍建设。

（4）加强法治人才培养。

11.坚持抓住领导干部这个"关键少数"

（1）领导干部是全面依法治国的关键。

（2）领导干部要做尊法学法守法用法的模范。

（3）领导干部要提高运用法治思维和法治方式的能力。

（4）党政主要负责人要履行推进法治建设第一责任人职责。

考点03　习近平法治思想的实践要求

考点精讲

1.充分发挥法治对经济社会发展的保障作用

（1）以法治保障经济发展。

（2）以法治保障政治稳定。

（3）以法治保障文化繁荣。

（4）以法治保障社会和谐。

（5）以法治保障生态良好。

2.正确认识和处理全面依法治国一系列重大关系

（1）政治和法治。

（2）改革和法治。

（3）依法治国和以德治国。

（4）依法治国和依规治党。

刑法

考点01　主观构成要件

考点精讲

1. 故意的认定

直接故意：认识到了危害结果，追求危害结果的发生。

间接故意：认识到了危害结果，放任危害结果的发生。

2. 过失的认定

犯罪过失的本质不在于行为人造成了危害社会的结果，而在于行为人违反了注意义务。

疏忽大意：没有认识到危害结果，但应该认识到，反对危害结果的发生。

过于自信：认识到了危害结果，但反对危害结果的发生（轻信能够避免）。

意外事件：没有认识到危害结果，也不可能认识到，反对危害结果的发生。

牛刀小试

甲在同乡乙家聚会饮酒，二人因琐事发生争吵。争吵过程中乙推了一下甲，甲随即用右手朝乙的左面部打了一拳，接着又用左手掌推乙右肩，致使乙在踉跄后退中后脑部碰撞到门框。在场的其他人见状,分别将乙和甲抱住。乙被抱住后挣脱出来,前行两步后突然向前跌倒,两三分钟后死亡。经法医鉴定,乙的死因是生前后枕部与钝性物体碰撞及撞后倒地导致脑挫伤、蛛网膜下腔出血,其口唇、下颌部及额下损伤系伤后倒地形成。

本案在审理过程中,对于甲的行为如何定性,有三种不同意见:第一种意见认为,甲的行为构成故意伤害(致死)罪。第二种意见认为,甲的行为构成过失致人死亡罪。第三种意见认为,甲的行为不构成犯罪。你认为哪一种观点正确?

参考答案

甲的行为构成故意伤害罪。理由如下:

1.本案被告人的掌推行为属于故意伤害行为。按照我国刑法的规定,对没有产生轻伤以上后果的一般殴打行为,是不能以故意伤害罪论处的。那么能否以行为人的殴打手段是否足以使被害人受到轻伤以上的后果作为标准,来判断行为人的行为是不是故意伤害罪所要求的故意伤害行为呢?不能。故意伤害罪是结果犯,只有产生轻伤以上的后果才负刑事责任,且伤害后果越重,承担的刑事责任就越大。拳打、脚踢、掌推是一般殴打最常见的手段,如打击力量不大、打击的不是要害部位、不是连续性打击且打击相当有节制等,通常情况下,都不足以直接导致被害人产生轻伤以上的后果,依法不需负刑事责任,但这并不能说明一般的殴打行为的性质就不是故意伤害行为。事实上,一般的殴打行为仍然是故意伤害行为,只不过伤害的结果未达到法定的程度而无须负刑事责任。

就本案而言,甲的掌推行为已非一般的推搡行为所能包容。首先,其掌推行为系发生在与被害人的争执对打当中;其次,其掌推行为是其拳打之后的连续行为,伤害的故意连贯于其中,且力度很大,否则不足以导致被害人身体失控,头部发生碰撞；最后，在一定的情形下，即便一拳一脚一掌，同样可以致人伤害甚至死亡。甲的掌推行为，打击部位虽非要害，但力度之大，已客观地造成被害人身体失控而后退，造成头后枕部与门框碰撞，进而倒地形成脑挫伤，发生死亡。因此，该行为属于故意伤害行为。

值得指出的是，对《刑法》第234条第2款规定的"犯前款罪"，应理解为有伤害的故意和行为即可，不能机械地要求故意伤害行为直接造成的损伤程度必须达到轻伤以上。因为通常情况下，故意伤害直接致人重伤或死亡的，往往并不存在先有一个轻伤害的犯罪前提。同时，在故意伤害致人死亡的案件中，对已经死亡的被害人一般是无法也不可能再去评定最初（死亡前）的伤害程度是否达到轻伤以上。

2.被告人的掌推行为与被害人的死亡结果之间具有刑法上的因果关系。在审查危害行为与危害结果之间的因果关系时，一定要从危害行为实施时的时间、地点、条件等具体情况来考虑。本案中被告人对被害人的掌推行为本来不会产生被害人死亡的结果，但先前的危害行为直接导致了被害人头部与门框碰撞及撞后倒地，这两个原因的介入又引起了被害人死亡的结果，被告人的推打行为与被害人的死亡结果之间即表现为偶然因果关系。把被告人的推打行为与其所直接导致的碰撞门框及撞后倒地死亡这些存在客观联系的前因后果简单割裂开来的看法是一种机械的观点，是对刑法因果关系的曲解。

在认定刑法上的因果关系时，必须考虑因果关系的具体性。即使这种行为通常不能产生本案的结果，但如果在当时的情况下确实产生了本案的结果，那就要具体分析二者之间是否具有刑法上的因果关系。

3.故意伤害致死在罪过形式上表现为复杂罪过形式，即行为人具有伤害的故意和致人死亡的过失两种罪过形式。但作为故意伤害罪本身，其罪过形式仍然是故意，即行为人必须具有伤害的故意。如果行为人有伤害行为且具有致人死亡的故意，则其行为就构成故意杀人罪。

考点02　认识错误

考点精讲

事实的认识错误，分为具体的事实认识错误和抽象的事实认识错误。具体的事实认识错误是指没有超出同一犯罪构成的认识错误；抽象的事实认识错误是指超出了同一犯罪构成的认识错误。无论对哪一种认识错误的处理，通说的观点都是法定符合说。法定符合说认为法律保护的不是哪个具体的对象的合法权益，而是整个的同一类法益，所以欲杀害甲，因为认错人或者打击偏差而杀害了乙，都同样构成故意杀人罪，因为甲和乙在法律上的评价是相同的，都是人。

1. 对具体的事实认识错误的处理

在对象认识错误部分，法定符合说和具体符合说达成了一致，它们的观点是相同的，即都采用法定符合说的观点。但在打击错误部分，二者的观点仍然不一致。在打击错误时，具体符合说认为对于预定的犯罪对象成立故意犯罪的未遂，而对被误打了的对象则成立过失犯罪。如果一枪同时打中了预定的对象和旁边的第三人，则对预定的对象成立故意杀人罪既遂，对第三人成立过失致人死亡罪。但是，由于只有一个行为，要按照想象竞合择一重罪来处理。法定符合说则认为此时对于预定的对象和被错打的对象都成立故意杀人罪。如果预定的对象没有死，被错打的对象死了，则对前者成立故意杀人罪未遂，对后者成立故意杀人罪既遂，但也按照想象竞合择一重罪处理。

2.对抽象的事实认识错误的处理

此处主要存在抽象符合说和法定符合说之争，目前通说为法定符合说。根据法定符合说来处理抽象事实认识错误的案件，有以下两种情形：

（1）主观认识和客观的事实之间没有构成要件上的重合关系。通常情况下，由于行为人主观认识的内容和客观发生的事实属于不同的犯罪构成，两者之间没有构成要件上的符合，因此行为人就对主观本打算的犯罪成立故意犯罪未遂，对客观发生的结果成立过失犯罪，系想象竞合犯，择一重罪处罚。

（2）主观认识和客观的事实之间具有构成要件上的重合关系。例外情况下，虽然行为人认识的内容和发生的事实属于不同的犯罪构成，但两个犯罪构成之间有重合关系，可以经过包容评价后，在重合的范围内，成立故意犯罪既遂，按照想象竞合犯，择一重罪处罚。

牛刀小试

甲、乙、丙3人在一家汽修店当学徒。某日，乙正在用拆掉风炮的充气管吹掉离合器上的灰尘。这时甲来到乙身后，数次握住气管不让乙正常工作。乙回头见是甲在捣乱，使用充气管对着甲腋下等处喷气，甲四处躲闪。两人的打闹把丙吸引过来，丙说："我也来'滋滋'他。"于是接过乙手中的充气管，并让乙把甲摁住。在丙把充气管对准甲的肛门后，乙把充气管攥紧，然后等压力加大后便猛地松开了手。四五秒钟后，甲开始趴在地上说自己肚子痛。经诊断，甲的大小肠出现了20多处破损、穿孔，多个内脏器官严重受伤，出现胃出血、肝功能减弱等症状。经鉴定，甲所受伤害为重伤。

乙、丙二人构成故意伤害罪还是过失致人重伤罪？为什么？

参考答案

乙、丙二人的行为是构成故意伤害罪还是过失致人重伤罪，取决于犯罪时二人的心态。间接故意与过于自信的过失的相同点是二者都预见到了危害结果可能发生，不同点是前者对于危害结果是放任、容忍的，后者对于危害结果是反对的。

此时需要考察危害结果发生的概率高低。如果一个行为导致危害结果发生的概率很高，行为人对此也是明知的，但行为人仍然实施了这个行为，其也没有采取任何其他行为来防止危害结果的发生，此时，就应当认定行为人对危害结果的心态是放任的，而不是反对的。反之，如果一个行为通常不会导致某种危害结果，但这次导致了这个结果，行为人的心态就是过失的。如果行为人对此是有所预见的，则其心态就是过于自信的过失。

本案中，乙、丙作为专业的汽修工人，对于高压气泵的危害性应该是非常清楚的。这种行为对人身造成损害的概率也是极高的，所以他们的行为应当被认定为间接故意的故意伤害罪，而不是过失致人重伤罪。

考点03 客观违法阻却事由

考点精讲

1. 正当防卫

（1）正当防卫的成立条件

起因条件：必须存在具有社会危害性和侵害紧迫性的不法侵害行为。

时间条件：不法侵害正在进行，即已经开始尚未结束。对于财产犯罪，犯罪结束后在现场立即追击的，视为不法侵害尚未结束，即可以成立正当防卫。

主观条件：具有防卫意识。但是这里有学术争议，有些学者认为，即使没有防卫意识，只要产生了防卫效果，同样构成正当防卫。不过通说要求具有防卫意识。请考生同时掌握两种观点。

对象条件：针对不法侵害者本人。

限度条件：不能明显超过必要限度并造成重大损害。

（2）防卫过当

一体化防卫行为是指防卫人基于一个行为意志发动的防卫行为，只要在客观上具有持续性或者连续性，就可以评价为一体化的防卫行为，而不应当进行人为的分割。如果将在不法侵害结束后的防卫行为独立地认定为故意犯罪，明显不利于防卫人进行正当防卫。所以，对于在不法侵害结束后短暂时间内实施的一体化的防卫行为，不应认定为独立的犯罪，充其量只能认定为防卫过当（量的过当）。

在认定正当防卫的限度时，不能苛求防卫人。对于是否成立防卫过当的认定，不能以事后查明的事实来进行客观、冷静、理智的认定，而应当以实施防卫行为当时的具体情况、防卫人的心态、防卫人可能使用的工具等来认定。

（3）偶然防卫

偶然防卫，是指以犯罪的故意实施的行为，其结果偶然产生了正当防卫的效果。理论上有三种不同观点：①结果无价值论认为，这一行为没有侵害法益，因此不构成犯罪。②行为无价值论认为，该行为违反了刑法规范，构成犯罪。但是，由于该行为确实保护了法益，因此成立犯罪未遂。③我国通说认为，此时仍然成立犯罪既遂。

(4) 假想防卫

误以为存在不法侵害而进行防卫的,属于假想防卫。假想防卫的特点是:正当防卫的意识+无辜的对象。对于假想防卫的处理原则是:①排除故意犯罪。②如果行为人有过失的,成立过失犯罪。③无过失的,属于意外事件,不负刑事责任。

2.紧急避险

紧急避险与正当防卫的核心区别是前者针对合法利益,后者针对非法利益。正当防卫损害的是不法侵害者的非法利益,紧急避险损害的则是第三者的合法利益。

紧急避险的成立条件:(1)必须发生了现实危险(避险起因)。(2)必须是正在发生的危险(避险时间)。(3)必须出于不得已损害另一法益(避险可行性、避险对象)。(4)必须具有避险意识(避险意图)(此乃通说)。(5)必须没有超过必要限度造成不应有的损害(避险限度)。

3.被害人承诺

被害人的承诺符合一定条件才可以排除损害被害人合法权益行为的犯罪性。

(1)有效的承诺以承诺者对被侵害的权益有处分权限为前提。

(2)承诺者必须对所承诺的事项的意义、范围具有理解能力。

(3)承诺是被害人的真实意志。戏言性的承诺、被迫的承诺是无效的。

(4)事实上必须存在承诺,即承诺是明示的,而不是推定的。这是它与基于推定的承诺(也是有效的)的主要区别,后者事实上并无被害人的承诺。

(5)承诺至迟必须存在于结果发生时,被害人在结果发生前改变承诺的,则原来的承诺无效。但是,事后的承诺则不影响犯罪的成立。

(6)经承诺所实施的行为不得超出承诺的范围。

经承诺所实施的行为如果本身违反法律规定,仍有可能构成其他犯罪。例如,组织出卖人体器官罪中，成年出卖者的承诺是有效的，但组织者仍然构成犯罪。但是，如果承诺无效，组织者会构成更重的故意伤害罪、故意杀人罪。

🔪 牛刀小试

陈某（14岁）为某中学学生。因陈某在甲的女朋友的网络空间留言示好，甲纠集乙等6人（均为未成年人）在学校门口围堵陈某，对陈某实施了殴打。其中，有人用膝盖顶击陈某的胸口、有人持石块击打陈某的手臂、有人持钢管击打陈某的背部，其他人对陈某或勒脖子或拳打脚踢。陈某掏出随身携带的折叠式水果刀（刀身长8.5厘米，不属于管制刀具），乱挥乱刺后逃脱。部分围殴人员继续追打并从后投掷石块，击中陈某的背部和腿部。陈某逃进学校，追打人员被学校保安拦住。陈某在反击过程中刺中了甲、乙和丙，经鉴定，该3人的损伤程度均构成重伤二级。陈某经人身检查，见身体多处软组织损伤。案发后，陈某所在学校向司法机关提交材料，证实陈某遵守纪律、学习认真、成绩优秀，是一名品学兼优的学生。

公安机关以陈某涉嫌故意伤害罪立案侦查，并对其采取刑事拘留强制措施，后提请检察机关批准逮捕。检察机关根据审查认定的事实，依据《刑法》第20条第1款的规定，认为陈某的行为属于正当防卫，不负刑事责任，决定不批准逮捕。公安机关将陈某释放同时要求复议。检察机关经复议，维持原决定。

检察机关的做法是否正确？为什么？

🍊 参考答案

检察机关的做法是正确的。陈某的防卫行为没有明显超过必要限度，不属于防卫过当，不构成犯罪。主要理由如下：

1.陈某面临正在进行的不法侵害，反击行为具有防卫性质。任何人面对正在进行的不法侵害，都有予以制止、依法实施防卫的权利。本案中，甲等人借故拦截陈某并实施围殴，属于正在进行的不法侵害，陈某的反击行为显然具有防卫性质。

2.陈某随身携带刀具，不影响正当防卫的认定。对认定正当防卫有影响的，并不是防卫人携带了可用于自卫的工具，而是防卫人是否有相互斗殴的故意。陈某在事前没有与对方约架斗殴的意图，被拦住后也是先解释退让，最后在遭到对方围打时才被迫还手，其随身携带水果刀，无论是日常携带，还是事先有所防备，都不影响对正当防卫作出认定。

3.陈某的防卫措施没有明显超过必要限度，不属于防卫过当。陈某的防卫行为致实施不法侵害的3人重伤，客观上造成了重大损害，但防卫措施并没有明显超过必要限度。陈某被6人围住殴打，其中有人使用了钢管、石块等工具，双方实力相差悬殊，陈某借助水果刀增强防卫能力，在手段强度上合情合理。并且对方在陈某逃脱时仍持续追打，共同侵害行为没有停止，所以就制止整体不法侵害的实际需要来看，陈某持刀挥刺也没有不相适应之处。综合来看，陈某的防卫行为虽有致多人重伤的客观后果，但防卫措施没有明显超过必要限度，依法不属于防卫过当。

考点04　因果关系

考点精讲

刑法上的因果关系是指危害行为与危害结果之间的引起与被引起的关系。这是归责上的因果关系。

1.刑法上的因果关系中的"因"必须是实行行为，而实行行为是具有造成法益侵害结果危险的行为。因此：(1) 如果某个行为根本不是具有造成法益侵害结果的危险行为，则不能认为行为与结果之间有因果关系。例如，甲劝乙乘坐飞机，乙因飞机失事而死亡。甲的这种劝说行为不是刑法上的实行行为，因此二者之间没有因果关系。(2) 如果某个行为减少了法益侵害的危险，也不能认为行为与结果之间有因果关系。例如，乙即将被车撞到，甲猛地推开乙，致乙倒地轻伤。此时，就不能将乙轻伤归责到甲的救人行为。

2. 在行为人的行为介入了第三者或被害人的行为、自然事件、行为人的其他行为而导致结果发生的场合，要判断某种结果是否是行为人的行为所造成时，应当综合考查：(1) 行为人的行为导致结果发生的可能性的大小。(2) 介入情况的异常性大小。(3) 介入情况对结果发生作用的大小——这三个因素在判断是否中断时非常重要。

牛刀小试

甲负责某重点工程项目占地前期的拆迁和评估工作。虽然乙不符合拆迁要求，但是甲帮助乙获得了补偿款50万元。乙分给甲30万元。甲认为自己应分得40万元，二人发生争执，乙无奈又给甲10万元。乙非常恼火，深夜到甲家伺机将10万元盗回，但未能发现机会，便将甲的汽车砸坏。甲认定是乙作案，决意报复乙，深夜对乙租赁的山坡放火（乙住在山坡上）。树苗刚起火时，被路过的村民丙发现。丙明知法律规定发现火情时，任何人都有报警的义务，但因与乙素有矛盾，便悄然离去。大火烧毁山坡上的全部树苗，烧伤了乙，并延烧至村民丁家。丁被火势惊醒逃至屋外，想起卧室有5000元现金，即返身取钱，被烧断的房梁砸死。

如认定甲放火与丁被砸死之间存在因果关系，可能有哪些理由？如否定甲放火与丁被砸死之间存在因果关系，可能有哪些理由？

参考答案

甲放火与丁死亡之间，介入了被害人丁的行为。

肯定因果关系的大致理由：（1）根据条件说，可以认为放火行为和死亡之间具有"无A就无B"的条件关系；（2）被害人在当时情况下，来不及精确判断返回住宅取财的危险性；（3）被害人在当时情况下，返回住宅取财符合常理。

否定因果关系的大致理由：（1）根据相当因果关系说，放火和被害人死亡之间不具有相当性；（2）被告人实施的放火行为并未烧死丁，丁为抢救数额有限的财物返回高度危险的场所，违反常理；（3）被害人是精神正常的成年人，对自己行为的后果非常清楚，因此要对自己的选择负责；（4）被害人试图保护的法益价值有限。只有甲对乙的住宅放火，如乙为了抢救婴儿而进入住宅内被烧死的，才能肯定放火行为和死亡后果之间的因果关系。

考点05　犯罪形态

考点精讲

1. 犯罪既遂

不同犯罪有不同的既遂标准，其是法律规定的客观标准。

犯罪未完成和不构成犯罪是两个概念。是否构成犯罪是定罪问题，犯罪处于何种形态是量刑问题。

在犯罪预备阶段，只能成立犯罪预备和犯罪中止，在犯罪实行阶段，只能成立犯罪未遂和犯罪中止。在犯罪刚刚结束、既遂结果尚未发生时，还可以成立犯罪中止。

2. 犯罪预备

犯罪预备的特征：主观上为了犯罪→客观上实施了犯罪预备行为→事实上未能着手实施犯罪→未能着手实施犯罪是由于行为人意志以外的原因。

3. 犯罪未遂

（1）犯罪未遂的概念与特征

已经着手实行犯罪，即已经开始实施实行行为。所谓实行行为，就是刑法分则规定的那个行为，也就是那个能够直接造成法益侵害危险的行为。例如，在故意杀人罪中，买刀、磨刀、提刀尾随被害人、刺杀，只有刺杀行为是实行行为。

犯罪未遂不是没有发生危害结果，而是没有达到该罪法定的既遂标准（如杀人未杀死，但致人重伤）。犯罪未得逞是由于犯罪分子意志以外的原因，即犯罪分子不是自愿停止犯罪的。

（2）犯罪未遂的类型

实行终了的未遂与未实行终了的未遂：区分标准是行为人是否实施完毕实行行为。

能犯未遂与不能犯未遂：区分标准是犯罪是否有可能实际达到既遂。

不能犯未遂与不能犯的区别：后者是指绝对不能犯，这种不能犯不构成犯罪。

4. 犯罪中止

（1）中止的时间性：必须发生在"犯罪过程中"。

（2）中止的自动性：必须出于本意。不能将引起行为人中止犯罪的原因当作行为人意志以外的原因，从而否认中止的自动性。

犯罪中止是"能而不欲"，犯罪未遂是"欲而不能"。认定"能而不欲"和"欲而不能"时，"能"是主观标准。例如，事实上警察马上就到了，犯罪已经无法既遂，但行为人不知道，在警察到来之前，主动停止犯罪（且未既遂）的，成立犯罪中止。

（3）中止的客观性：行为人必须有客观的中止行为。

（4）中止的有效性：在有危害结果发生时，必须自动有效地防止犯罪既遂结果发生，才成立中止。

牛刀小试

甲在某停车场内用随身携带的改锥撬开车锁，盗窃自行车1辆，在被保安员乙发现后，为抗拒抓捕，用改锥将保安员颈部划伤后弃车逃跑，经法医鉴定为轻微伤。

1.甲的行为构成盗窃罪还是抢劫罪，为什么？

2.有人认为，转化的抢劫罪不存在犯罪未遂，只要转化为抢劫罪，就是犯罪既遂。你是否同意这个观点，为什么？

3.如果认为甲构成抢劫罪，其抢劫罪是否既遂，为什么？

参考答案

1.甲的行为构成抢劫罪。甲盗窃他人财物，被发现后，为抗拒抓捕而当场使用暴力，致1人轻微伤。根据《刑法》第269条的规定，其行为已构成抢劫罪。

2.我不同意这个观点。首先，构成犯罪和犯罪既遂是两个不同的概念。《刑法》第269条虽然规定了甲这种行为构成抢劫罪，但这只说明这种行为构成抢劫罪，并没有说明这种行为是犯罪既遂。其次，虽然最高人民法院《关于审理抢劫、抢夺刑事案件适用法律若干问题的意见》第5条规定了行为人实施盗窃、诈骗、抢夺行为，未达到数额较大，可以认定为转化抢劫罪的五种情形，其中第三种情形是"使用暴力致人轻微伤以上后果的",但这仍然只是构成犯罪的条件,不是犯罪既遂的条件。最后,即使是转化型抢劫罪也是抢劫罪,其既遂标准和抢劫罪的既遂标准应当是一致的。既然普通抢劫罪存在犯罪未遂,转化的抢劫罪也应当存在犯罪未遂。

3.甲的抢劫罪属于犯罪未遂。最高人民法院《关于审理抢劫、抢夺刑事案件适用法律若干问题的意见》第10条规定,对于抢劫罪,实际劫得财物或者造成他人轻伤以上伤害后果的,属于抢劫既遂。甲既未能实际抢劫到财物,也未造成他人轻伤以上后果,因此,其犯罪形态为犯罪未遂。

考点06　共同犯罪

考点精讲

1.共同犯罪案件的定罪处罚

先违法判断、再责任判断。

(1)违法判断——确定连带的违法事实。在分析共同犯罪案件时,应当首先从客观违法层面判断是否成立共同犯罪,若成立共犯关系,应将法益侵害结果归属于每一个与结果有因果性的共犯人,因为"违法是连带的"。

(2)责任判断——确定各个共犯人的刑事责任。如果在违法层面成立共同犯罪,再从主观层面"个别地"判断各个共犯人是否有故意、过失,因为每个人内心的故意、过失可能不完全相同;刑事责任能力的有无、是否达到刑事责任年龄也可能不同;最终认定每个人是否成立犯罪,成立何种犯罪,可见"责任是个别的"。

在构成共同犯罪的情况下,每个人的行为都和其他人的行为构成一个整体,大家都要为最终的共同犯罪结果负责,即"部分行为,全部责任"。

2. 判断共同犯罪成立的原则——主客观相一致

在判断共同犯罪的成立时，要坚持主客观相一致的原则，即一个人只能对自己在知情的情况下参与的行为负责。

3. 部分犯罪共同说

在认定共同犯罪的成立时，不能认为只有两个人的犯罪完全重合时，才构成共同犯罪。两个人的犯罪有部分重合时，就在重合的这一部分构成共同犯罪。

4. 教唆犯与间接正犯

教唆犯和间接正犯都是利用别人来实施犯罪，但是教唆犯教唆的对象是有自己的意志自由和犯罪故意的人，他们在接受教唆后，在自己的自由意志支配下去犯了罪。间接正犯利用的对象则是不知情或者没有责任能力的人，他们要么根本不知道自己行为的真实内容，如实际上是在替人运送毒品，但以为自己是在替人运送白糖；要么虽然知情，但在刑法上认为他们不懂自己行为的法律性质，如10岁的小孩被人教唆盗窃。所以，教唆犯和被利用者（被教唆者）构成共同犯罪，间接正犯则单独构成犯罪。

牛刀小试

甲因与丈夫乙关系不睦，离家到外地打工并与丙相识，后二人非法同居。其间，二人商定结婚事宜。甲因离婚不成，便产生使用安眠药杀害丈夫乙的念头，并将此事告知了丙。后甲因母亲有病，同丙一起回乡。当晚，甲与乙及儿子和丙一起吃饭，待乙酒醉后，甲趁机将碾碎的安眠药冲兑在水杯中让乙喝下。因乙呕吐，甲怕药物起不到作用，就指使丙将她的儿子带出屋外。甲用毛巾紧勒酒醉后躺在床上的乙的脖子，致其机械性窒息死亡。丙见乙死亡，将甲勒乙用的毛巾带离现场后扔掉。

丙的行为应当如何认定？

参考答案

丙的行为构成故意杀人罪，丙是甲的共犯。首先，丙的行为不构成包庇罪。包庇罪是作假证明包庇犯罪嫌疑人的行为。丙将甲勒乙用的毛巾带离现场后扔掉的行为并不是作假证明包庇甲的行为，所以不构成包庇罪。如果认为丙单独构成犯罪，其也是构成帮助毁灭证据罪。其次，丙的行为是故意杀人行为，他是甲的共犯。丙明知甲要杀死其丈夫乙，不但不加以阻止，反而听从甲的指使，将甲的儿子带离现场，以便甲顺利实施犯罪。丙的这一行为是在犯罪正在进行中的帮助行为，而不是犯罪结束后的毁灭罪证行为，因此，其行为构成故意杀人罪。再次，丙应被认定为从犯。他在本案中所起的作用是次要的帮助作用。由于其为从犯，因此应当对丙从轻、减轻或者免除处罚。最后，丙的行为不再构成帮助毁灭证据罪。对于本犯（实施犯罪行为的人）在犯罪结束后毁灭证据、伪造证据的，我国刑法并未规定为犯罪。该罪惩罚的行为人是帮助其他已经犯罪的人毁灭、伪造证据的行为。丙的行为既然已经构成故意杀人罪，其扔掉甲杀人用的毛巾的行为就不再构成本罪，只认定为故意杀人罪一罪即可。

考点07　罪数

考点精讲

罪数形态，分为刑法分则、司法解释明文规定的罪数处理方法（法条）和罪数形态理论（理论）两部分内容。在判断行为人最终按一罪论处还是数罪并罚时，应当"先用法条，再用理论"，即法有明文规定的优先，在法无明文规定时，才使用罪数理论。

1. 法条竞合

（1）一个行为，同时触犯两个罪名。

（2）二罪之间有固定的包容（不一定是全包容，如重婚和破坏军婚）关系。

（3）它是因为法律的规定而导致同时触犯二罪名的。它是一种先天竞合。

（4）法条竞合与想象竞合的主要区别是：法条竞合是由于法律规定而导致的竞合，二罪名侵犯的是同一法益；想象竞合是由于事实的存在而导致的竞合，二罪名侵犯的通常是不同的法益。想象竞合是后天竞合。对想象竞合的处理原则是：择一重罪论处。对法条竞合的处理原则是：通常情况下，特别法优先；个别情况下，重法优先。

2. 处断的一罪

数个行为，司法实践中认定为一罪。

（1）连续犯。同种数罪，行为之间是间断的，每个行为单独都构成犯罪。例如，连续杀害一家三口。

（2）吸收犯。数行为之间具有吸收关系，即前行为是后行为发展的必经阶段，后行为是前行为发展的当然结果。例如，入户盗窃枪支并带回家中，三个行为只定盗窃枪支罪一罪。

（3）牵连犯（牵连关系必须具有通常性、类型性）。数行为之间具有牵连关系。同一个犯罪的手段行为或者结果行为，与目的行为或者原因行为分别触犯不同罪名。例如，以伪造公文的方法（手段行为）骗取公共财物（目的行为）；盗窃财物（原因行为）后，为了销赃而伪造印章（结果行为）。

3. 不可罚的事后行为

不可罚的事后行为（不能独立定罪的事后行为——仅针对实施了前行为的人而

言，故仅参与事后行为的人，依然可能成立犯罪），是指在状态犯的场合，利用该犯罪行为的结果的行为，如果孤立地看，符合其他犯罪的犯罪构成，具有可罚性，由于被综合评价在该状态犯中，故没有必要另认定其他犯罪。

牛刀小试

2015年，甲利用担任某供电公司（非国有）出纳员的职务之便，多次动用自己保管的公司账上资金用于赌博。2016年10月，甲从自己保管的供电公司的小金库中取款22万元，用于填补挪用差款。后甲认为供电公司的小金库管理松懈，遂产生侵吞供电公司小金库资金的念头。之后，甲伙同其丈夫乙侵吞公司小金库资金70余万元。

1998年，乙与甲登记结婚。2008年4月，乙与丙以夫妻名义同居，同年8月，二人举办了婚礼，在B市购买了一套房产居住，并育有一子。2010年，乙前往D市工作，未告知丙。2013年，丙找到乙要求与其办理结婚登记，乙拒绝并再次离开丙。2014年年初，乙回到B市甲处生活；同年5月，在未通知丙的情况下，乙（登记在其名下）将曾与丙同居的房产出售。2015年3月，丙找到乙并报警，乙被抓获。

1. 如何评价甲挪用并侵吞公司财产和赌博行为？
2. 乙的重婚行为属于何种犯罪形态？其追诉时效应当从何时开始计算？

参考答案

1. 甲的行为符合职务侵占罪和挪用资金罪两个犯罪构成。但是两者并不具备吸收关系，应当以挪用资金罪和职务侵占罪数罪并罚。同时，赌博罪是一种营业犯，但甲未以赌博为业，所以不构成赌博罪。

2. 乙的重婚行为属于继续犯，重婚罪的追诉期限应当从重婚行为终了之日起计算。本案中，乙回到原配甲处生活，并变卖房产，这个时间点可以认为乙以实际行动表明了不再维持事实婚姻的意思，为犯罪行为终了之日。故追诉时效从2014年开始计算，乙的重婚罪仍然在追诉时效之内。

考点08　刑罚

考点精讲

1. 一般累犯与特别累犯

（1）一般累犯。前后罪都是故意犯罪；前后罪都被判处有期徒刑以上刑罚；后罪发生在前罪刑罚执行完毕或赦免以后的5年以内；犯罪分子第一次犯罪时已满18周岁。对于被假释的犯罪分子，其5年的期限从假释期满之日起计算。

（2）特别累犯。危害国家安全犯罪、恐怖活动犯罪、黑社会性质的组织犯罪的犯罪分子，在刑罚执行完毕或者赦免以后，在任何时候再犯上述任一类罪的，都以累犯论处。

（3）法律后果：①应当从重处罚。②不得适用缓刑。③不得假释。但累犯可以被减刑。

（4）特别再犯：《刑法》第356条规定，因走私、贩卖、运输、制造、非法持有毒品罪被判过刑，又犯本节规定之罪的，从重处罚。这里的前后两罪如果不构成累犯的，可以适用假释。

2. 自首与坦白

（1）一般自首。自动投案+如实供述自己的罪行。犯罪嫌疑人自动投案后又逃跑的，不能认定为自首。如果在未被采取强制措施前逃跑，然后再次回来自首并如实供述的仍能成立自首。

注意：自首后又翻供的，不能认定为自首，但在一审判决前又能如实供述的，应当认定为自首。

（2）特别自首。已经因为犯A罪被抓获+交代司法机关尚未掌握的B罪。

（3）共犯的自首。如实供述所知同案犯的共同犯罪事实。

（4）自首的处罚。①对于自首的犯罪分子，可以从轻或者减轻处罚。其中，犯罪较轻的，可以免除处罚。②对犯行贿罪、对非国家工作人员行贿罪、介绍贿赂罪者自首的特别处罚规定。

（5）坦白。犯罪嫌疑人虽不具有自首情节，但是如实供述自己罪行的，可以从轻处罚；因其如实供述自己罪行，避免特别严重后果发生的，可以减轻处罚。

3.立功

（1）有一般立功表现的，可以从轻或者减轻处罚。

（2）有重大立功表现的（通常是指被检举者可能被判处无期徒刑以上刑罚的立功），可以减轻或者免除处罚。

（3）自首"对事不对人"，即犯罪嫌疑人自首了哪个犯罪，对哪个犯罪成立自首（即使其隐瞒了其他犯罪）。立功"对人不对事"，即只要犯罪嫌疑人有立功情节，在量刑时，对其所有犯罪都要考虑立功情节。

4.追诉时效

（1）追诉期间

犯罪经过下列期限不再追诉：①法定最高刑为不满5年有期徒刑的，经过5年。②法定最高刑为5年以上不满10年有期徒刑的，经过10年。③法定最高刑为10年以上有期徒刑的，经过15年。④法定最高刑为无期徒刑、死刑的，经过20年。如果20年以后认为必须追诉的，须报请最高人民检察院核准。

（2）追诉期限的延长

在人民检察院、公安机关、国家安全机关立案侦查或者在人民法院受理案件以后，逃避侦查或者审判的，不受追诉期限的限制。

被害人在追诉期限内提出控告，人民法院、人民检察院、公安机关应当立案而不予立案的，不受追诉期限的限制。

（3）追诉期限的计算与中断

追诉期限从犯罪之日起计算；犯罪行为有连续或者继续状态的，从犯罪行为终了之日起计算。在追诉期限以内又犯罪的，前罪追诉的期限从犯后罪之日起计算。

5年、10年的追诉期适用于"法定最高刑不满5年、10年的"。如果法定最高刑为5年、10年，追诉期为10年、15年。

牛刀小试

甲曾于2002年、2014年两次因犯故意伤害罪被判处有期徒刑以上刑罚，2015年7月13日刑满释放。2015年10月18日凌晨3时许，甲与乙一起吸食毒品后产生幻觉，误认为乙欲伙同他人谋害自己，遂持杀猪刀朝躺在床上的乙胸腹部连捅数刀。乙受伤后欲逃离房间，甲又上前朝乙背部继续捅刺数刀。乙受伤后逃往医院，到医院即因失血性休克死亡。后甲到公安机关投案并如实交代了自己的犯罪行为。其亲属代为支付部分赔偿款。

1. 甲因为吸毒产生幻觉，误以为乙要谋害自己而杀死乙，其是否需要为自己的杀人行为负刑事责任？为什么？

2. 甲是否构成累犯，为什么？

3. 甲是否构成自首，为什么？

4. 甲的家人代为支付部分赔偿款，能否因此对甲从轻处罚？

参考答案

1.甲需要为自己的杀人行为负刑事责任。甲明知吸毒是违法的（违反行政法）、有害的，仍然吸毒，并使自己产生了幻觉。对于甲这种自愿使自己陷入无责任能力或者限制责任能力状态的行为，刑法上称为原因自由行为，即导致其陷入无责任能力状态的行为是其自愿选择的行为，其应当对自己陷入无责任能力状态后的行为负责。对这种人的刑事责任能力是根据其陷入无责任能力状态前的精神状态来认定的，所以甲需要为自己的杀人行为负刑事责任，对其行为应当按照故意杀人罪定罪处罚。

2.甲的行为构成累犯。甲在2014年因故意伤害罪被判处有期徒刑以上刑罚，后又在刑满释放后5年内因为故意杀人罪应当被判处有期徒刑以上刑罚，甲年满18周岁，故其故意杀人行为构成累犯。对其应当从重处罚，且不得适用缓刑。如果甲去监狱服刑，未来也不得被假释。

3.甲的行为构成自首。一般自首的构成要件是在犯罪以后自动投案并如实交代自己的犯罪行为。甲在犯罪以后自动向公安机关投案，且如实交代了自己的犯罪行为，因此其行为构成自首，可以从轻或减轻处罚。

4.甲可以被从轻处罚。被告人或者其亲属自愿赔偿被害人的损失的，应当作为量刑情节予以考虑，可以从轻处罚。

考点09　非法拘禁罪

考点精讲

非法拘禁罪，是指故意非法拘禁他人或者以其他方法非法剥夺他人人身自由的行为。

1. 构成要件

（1）行为主体：年满16周岁的自然人。国家机关工作人员是本罪的量刑身份，利用职权犯本罪，从重处罚。

（2）行为对象：作为行为对象的"他人"没有限制，但必须是具有身体活动自由的自然人。

具有基于意识从事身体活动的能力即可，不要求具有刑法上的责任能力与民法上的法律行为能力，故能够行走的幼儿、精神病患者，能够依靠轮椅或者其他工具移动身体的人，均可成为本罪的对象。

没有现实人身自由的人不属于本罪的对象。例如，病床上的植物人、常年卧病在床的人、深度醉酒的人。

成立本罪，要求被害人认识到自己被剥夺自由的事实，但不要求认识到有人对自己实施非法拘禁罪。

（3）行为方式：剥夺人身自由的方法没有限制，如非法逮捕、拘留、监禁、扣押等，均包括在内。非法拘禁罪是持续犯，拘禁的时间长短原则上不影响本罪的成立，只影响量刑，不需要数罪并罚。

（4）非法性：剥夺人身自由的行为必须具有非法性，不具备违法阻却事由。

否则不成立非法拘禁罪。

（5）主观罪过：故意，即行为人明知自己的行为会发生剥夺他人身体自由权利的结果，并希望或者放任这种结果的发生。

2.结果加重犯

非法拘禁罪的结果加重犯是指非法拘禁行为本身导致的重伤、死亡，仍成立非法拘禁罪。例如，甲通过绳子捆绑的方式非法拘禁乙，但是由于绳子绑得过紧，导致乙窒息而死。甲成立非法拘禁罪的结果加重犯。

非法拘禁罪的结果加重犯情形中的"暴力"是指拘禁行为本身之内的暴力。

重伤、死亡结果与非法拘禁行为之间必须具有直接的因果关系。

（1）行为人在实施基本行为之后或之时，被害人自杀、自残、自身过失等造成死亡、伤残结果的，因缺乏直接性要件，不能认定为结果加重犯。

（2）被害人为了摆脱单纯的拘禁，选择高度危险的摆脱方式（如沿着下水管道逃出高楼房间）导致身亡的，行为人不属于非法拘禁罪的结果加重犯。

（3）非法拘禁会引起警方的解救行为，故正常的解救行为造成被害人伤亡的，具备直接性要件，应将伤亡结果归责于非法拘禁者，成立结果加重犯。

致人重伤、死亡的结果，要求行为人是过失心态而非故意心态。

3.非法拘禁（使用暴力）致人死亡

（1）非法拘禁致人死亡，但没有使用超出拘禁行为所需范围的暴力的，仍然适用《刑法》第238条第2款前段的规定，以非法拘禁罪的结果加重犯论处。

（2）在非法拘禁的过程中产生杀人故意实施杀人行为的，不适用《刑法》第238条第2款的规定，而应直接认定为数罪，即非法拘禁罪与故意杀人罪并罚。

（3）非法拘禁使用超出拘禁行为所需范围的暴力致人死亡，而没有杀人故意的（以对死亡具有预见可能性为前提），适用《刑法》第238条第2款后段的规定。法律拟制为故意杀人罪。

牛刀小试

甲组织某黑社会性质组织，乙积极参加。一日，甲、乙在某酒店就餐，消费3000元。在甲结账时，收银员丙偷偷调整了POS机上的数额，故意将3000元餐费改成30000元。甲未注意便直接支付。甲发现多付了钱以后，与乙去找丙还钱，丙拒不返还。甲、乙恼羞成怒，准备劫持丙让其还钱。在捆绑丙过程中，不慎将丙摔成重伤，因为担心酒店其他人员报警，故放弃劫持，离开酒店。

甲、乙对丙构成何罪？

参考答案

甲、乙对丙构成非法拘禁罪。甲、乙劫持丙，是为了要回甲无意中多付的钱，二人并无非法占有目的，因此二人的行为不构成抢劫罪。根据刑法的规定，为索债而非法拘禁他人的，构成非法拘禁罪，因此，二人的行为构成非法拘禁罪。二人在捆绑丙时，不慎将丙摔成重伤，根据刑法规定，这属于"在非法拘禁中致人重伤"的情形，成立非法拘禁罪的结果加重犯。二人因为害怕他人报警而放弃劫持丙，其行为构成非法拘禁罪的犯罪未遂。因为丙已经被摔成重伤，劫持行为随时可能被酒店的人发现，此时二人放弃犯罪不属于自愿放弃，因此构成犯罪未遂。在对二人量刑时，既要考虑基本犯（非法拘禁行为）的未遂，也要考虑结果加重，即先按照既遂的结果加重犯量刑，再按照基本犯的未遂从轻、减轻处罚。后者是可以从轻、减轻处罚，不是必须从轻、减轻处罚。

考点10　绑架罪

考点精讲

绑架罪，是指利用被绑架人的近亲属或者其他人对被绑架人安危的忧虑，以勒索财物或满足其他不法要求为目的，使用暴力、胁迫或者麻醉方法劫持或以实力控制他人的行为。绑架罪侵害的法益是被绑架人在本来的生活状态下的身体安全与行动自由。

1.构成要件

（1）行为主体：已满16周岁的自然人。已满14周岁不满16周岁的人实施绑架行为，不以犯罪论处。故意杀害被绑架人的，应认定为故意杀人罪。

（2）行为对象：行为对象是任何他人，包括妇女、儿童和婴幼儿乃至行为人的子女或父母。

（3）行为方式

①使用暴力、胁迫或者麻醉方法劫持或以实力控制他人。

②对于缺乏或者丧失行动能力的被害人，采取偷盗、运送等方法使其处于行为人或第三者实力支配下的，也可能成立绑架罪。

③向第三人提出不法要求，必须是向第三人提出，不能是向人质本人，否则就构成抢劫罪。

④绑架和抢劫的其他区别：绑架的取财不要求当场性，而抢劫的取财要求当场性即同一时间、同一地点。

（4）主观罪过

①具有故意，行为人对于侵害他人身体安全与行动自由的结果持希望或者放任态度。

②具有勒索财物或满足其他不法要求的目的。行为人出于其他目的、动机以实力支配他人后，才产生勒索财物意图进而勒索财物的即其他犯罪控制被害人的过程中才产生绑架的故意，成立绑架罪。

③具有勒索财物或满足其他不法要求的目的。其中的"财物"包括财产性利益。"不法"不限于刑法上的不法，包括政治目的、恐怖活动目的、泄愤报复目的以及逃避、抗拒追捕或者要挟政府提供某种待遇等。

2. 既遂标准

实力控制了被害人。绑架罪是目的犯，其上述既遂标准以绑对人为前提，如果绑错人则成立绑架罪未遂，因为这样并不会让特定人内心担忧，行为人目的落空。

3. 罪数

行为人没有实施绑架行为，直接杀害被害人后，向被害人家属勒索财物的，前行为成立故意杀人罪；后行为成立敲诈勒索罪与诈骗罪的想象竞合犯，然后实行数罪并罚。

行为人实施了绑架行为，因未勒索到财物或者出于其他原因杀害被绑架人后，再次掩盖事实勒索赎金的，前行为属于绑架杀害被绑架人的情形，只成立绑架罪；后行为成立敲诈勒索罪与诈骗罪的想象竞合犯，然后实行数罪并罚。

犯绑架罪，故意杀害被绑架人的→结合犯→成立绑架罪。

犯绑架罪，故意伤害被绑架人，致人重伤、死亡的→结合犯→成立绑架罪。

犯绑架罪，故意伤害被绑架人，致人轻伤的→数罪并罚。

绑架行为本身过失导致被绑架人重伤、死亡的→绑架罪与过失致人重伤罪或者过失致人死亡罪的想象竞合犯。

绑架他人后实施强奸、侮辱、猥亵、盗窃等行为→数罪并罚。

在绑架过程中，因被绑架人的监护人、保护人或者其他在场人反抗等原因，行为人为排除阻碍而故意杀害、伤害上述人员的→绑架罪与故意杀人罪或者故意伤害罪并罚。

绑架过程中又当场劫取被害人随身携带财物的，同时触犯绑架罪和抢劫罪两罪名，应择一重罪定罪处罚（不并罚）。

故意制造骗局使他人被骗进而欠下债务，然后以索债为由将被害人作为人质，要求被害人近亲属偿还债务的，以绑架罪论处。

绑架罪与非法拘禁罪不是对立关系，虽然不能将非法拘禁评价为绑架，但可以将绑架评价为非法拘禁。

牛刀小试

甲和乙驾驶一辆轿车，将上学途中的13岁的丙拽到车上，绑架至一条乡间公路上，并向其父亲打电话索要现金30万元。半个多小时后，甲、乙因担心罪行暴露，将丙放在公路上，二人逃离现场，丙遂向路人呼救并报警。

甲、乙的行为应当如何认定？

参考答案

甲、乙成立绑架罪。绑架罪的实行行为是使用暴力、胁迫或者麻醉方法劫持或以实力控制他人。行为人控制人质后，绑架罪即既遂。行为人是否勒索财物、是否主动释放被害人都不影响犯罪既遂的认定。

甲、乙已经将丙拽上其汽车，开到了乡间公路上，其绑架行为已经既遂。他们后来主动将被害人丙放在公路上的行为可以作为量刑情节予以考虑，但不能成立犯罪中止。

考点11　故意杀人罪

考点精讲

故意杀人罪，是指故意非法剥夺他人生命的行为。

1. 构成要件

（1）行为主体：原则上为已满14周岁的自然人，经过特别程序可下调至已满12周岁。

（2）行为对象："他人"→不包括自杀的行为。尸体没有生命，不能成为故意杀人罪的对象。婴儿有生命，杀死婴儿构成故意杀人罪；杀死胎儿不构成故意杀人罪。

（3）非法性：依法执行命令枪决罪犯、符合法定条件的正当防卫杀人等行为，阻却违法性，不构成故意杀人罪。

（4）剥夺生命的方式：①作为方式杀人。例如，刀砍、斧劈、拳击、枪杀等。②不作为方式杀人。例如，母亲故意不给婴儿哺乳致其死亡等。③物理的方式。例如，刺杀、毒杀等。④心理的方式。例如，以精神冲击方法致心脏病患者死亡。

（5）责任为故意，即明知自己的行为会发生他人死亡的结果，并希望或放任这种结果的发生。

2. 法律拟制的故意杀人罪

（1）非法拘禁使用暴力致人死亡的→故意杀人罪。

（2）刑讯逼供致人死亡的→故意杀人罪。

（3）暴力取证致人死亡的→故意杀人罪。

（4）虐待被监管人致人死亡的→故意杀人罪。

（5）聚众"打砸抢"致人死亡的→故意杀人罪。
（6）聚众斗殴致人死亡的→故意杀人罪。

牛刀小试

甲驾驶小型普通客车与前方同向行驶的乙驾驶的二轮电动自行车追尾碰撞，造成乙受伤、两车受损的道路交通事故。事故发生后，甲未报警，也未拨打急救电话，而是将乙抱入车内，驾车离开现场。监控显示，在4个多小时内，甲驾驶车辆经过多地，并最终到达800公里外的某医院。甲进入住院部门厅查看后返回车内，将乙抱入一楼门厅东侧通往卫生间的楼道门后驾车离开。当日23时20分许，乙被医院工作人员发现，后经检查确认已死亡。经鉴定，乙是失血性休克死亡。法院认定甲构成故意杀人罪，甲辩称自己的行为构成交通肇事罪，自己只是"救人不当"。

甲的行为构成交通肇事罪还是故意杀人罪？为什么？

参考答案

甲的行为构成故意杀人罪。甲撞倒乙后，将乙抱入车内，开车离开现场。他后来的行为构成交通肇事罪还是故意杀人罪的关键就在于他对乙的死亡的心态。甲在交通肇事后，不仅未及时报警，拨打急救电话，向路上行人求救，反而将被害人抱至车内驾车离开现场，后驾车经过多地，在4个多小时内，甲有多次机会将被害人送往附近的医院抢救，其也明知被害人的伤口正在流血，但其并没有将被害人送往医院，或者对被害人实施包扎伤口等有效救助措施，而是在4个多小时后将被害人遗弃在医院，最终导致被害人因失血性休克而死亡。甲的行为表明其对被害人的死亡是放任的，这是一种间接故意杀人的心态。故甲既有间接故意杀人的心态，也有间接故意杀人的行为，所以其行为构成故意杀人罪。

考点12　抢劫罪

> 考点精讲

抢劫罪，是指以非法占有为目的，以暴力、胁迫或者其他方法，强取公私财物的行为。本罪不仅侵犯了他人财产，而且侵犯了他人的人身权利。这既是抢劫罪区别于其他财产犯罪的重要标志，又使抢劫罪成为财产罪中最严重的犯罪。

1. 事前型（普通型）抢劫

（1）成立犯罪：实施暴力、胁迫等强制手段→压制被害人反抗→被害人因无法反抗而放弃财物→行为人取得财物。

（2）行为主体：已满14周岁的自然人。对于已满14周岁未满16周岁的人不成立转化型抢劫。

（3）行为对象：有形财物以及财产性利益。

（4）行为内容（压制反抗+强取财物）：当场使用暴力、胁迫或者其他强制方法，强取公私财物。暴力、胁迫或者其他强制方法，是手段行为；强取公私财物，是目的行为。

①暴力方法是指对被害人不法行使有形力，使其不能反抗的行为。例如，殴打、捆绑、伤害、禁闭等。抢劫罪中的暴力只能是最狭义的暴力→足以压制反抗的暴力，不要求事实上压制反抗，更不要求具有危害人身安全的性质（因为拘禁取财同样可成立抢劫罪）。暴力对象不限于财物占有者，包括其他具有保护占有意思的人。

②胁迫方法：是指以恶害相通告（可以通过动作、手势等），使被害人产生恐

惧心理因而不敢反抗的行为。这种胁迫也应达到足以压制对方反抗的程度。恶害是指对被害人生命、身体、自由的加害。如果以当场立即实现损毁名誉等非暴力内容进行威胁的，不成立抢劫罪。被害人对行为人实现恶害是深信不疑的。

③其他方法：是指除暴力、胁迫以外的造成被害人不能反抗、不知反抗的其他强制方法。如麻醉、醉酒式的抢劫，非法拘禁式的抢劫。

④强取财物：是指违反被害人的意志将财物转移给自己或者第三者占有。

（5）主观罪过：责任要素除故意外，还要求具有非法占有目的。

行为人出于其他目的实施暴力行为，暴力行为致人昏迷或者死亡，然后产生非法占有财物的意图，进而取走财物的，不成立抢劫罪。

先强奸或伤害，被害人未失去知觉，利用被害人不能反抗、不敢反抗的处境，临时起意使用暴力或胁迫劫取财物，构成强奸罪（或故意伤害罪）和抢劫罪，数罪并罚；被害人失去知觉或者没有发觉，临时起意拿走财物，构成强奸罪（或故意伤害罪）和盗窃罪，数罪并罚。

行为人出于其他故意，于正在实施暴力、胁迫的过程中（暴力、胁迫没有结束时）产生夺取财物的意思并夺取财物的，成立抢劫罪。

"非法占有目的"的例外：根据《刑法》第289条的规定，在实行聚众"打砸抢"行为的过程中，毁坏公私财物的，即使没有非法占有目的，对首要分子也应认定为抢劫罪。

2. 事后型（转化型）抢劫

（1）前提条件：犯盗窃、诈骗、抢夺罪。

"犯盗窃、诈骗、抢夺罪"并不意味着行为事实上已经构成盗窃、诈骗、抢夺罪的既遂，而是意味着行为人有实施盗窃罪、诈骗罪、抢夺罪的行为与故意。

三罪转化为抢劫罪，要求三罪达到着手的程度。

三罪行为须具有财产犯罪的属性，符合盗窃罪、诈骗罪、抢夺罪这三个财产犯罪的构成要件，才可以转化为抢劫。

（2）主观目的：为了抗拒抓捕、窝藏赃物、毁灭罪证。不具有前述目的的，不转化为抢劫。

（3）客观条件：当场使用暴力或以暴力相威胁。

"当场"是指行为人实施盗窃、诈骗、抢夺行为的现场以及行为人刚离开现场即被他人发现并抓捕的情形。当场＝当时（时间要求）＋现场（空间要求）。行为人实施盗窃等行为后，离开现场的时间短暂而被警察、被害人等发现的，也应认定为当场。行为人实施盗窃等行为后，离开现场一定距离，基于其他原因偶然被警察或者被害人等发现的，不属于当场。行为人实施盗窃等行为后，虽未离开现场，但是时间间隔较长的，不属于当场。

使用暴力或者以暴力相威胁，与一般抢劫的暴力或以暴力相威胁性质相同。暴力、威胁的对象只能是人，不能是财物。暴力、威胁的对象只能是"他人"，不包括自己。暴力、威胁要求达到足以压制对方反抗的程度，才可以转化为抢劫。行为人对实施暴力的行为要具有故意，过失对他人实施暴力，不转化为抢劫。以摆脱的方式逃脱抓捕，暴力强度较小，未造成轻伤以上后果的，可不认定为"使用暴力"，不以抢劫罪论处。实施暴力导致被害人重伤、死亡的，直接适用抢劫致人重伤、死亡的法定刑升格条件即可。

3.抢劫罪的法定刑升格条件

（1）入户抢劫

"入户抢劫"，是指为实施抢劫行为而进入他人生活的与外界相对隔离的住所，包括封闭的院落、牧民的帐篷、渔民作为家庭生活场所的渔船、为生活租用的房屋等进行抢劫的行为。

"户"是家庭住所，根据司法解释的规定，以下不属于"户"的范畴：集体宿舍、旅店宾馆、临时搭建的工棚、商店、刚装修好但无人居住的新房等。入户要具有非法性，否则不成立入户抢劫。进入他人住所时须具有实施抢劫等财产犯罪的目的。以侵害户内人员的人身、财产为目的，入户后实施抢劫（包括转化抢劫），均应当认定为入户抢劫。没有以上目的而入户，在户内临时起意实施抢劫的，不属于入户抢劫。暴力、胁迫等强制行为必须发生在户内。

对于部分时间从事经营、部分时间用于生活起居的场所（半商半住）：①行为人在非营业时间强行入内抢劫或者以购物等为名骗开房门入内抢劫的，应认定为"入户抢劫"。②行为人进入生活场所实施抢劫的，应认定为"入户抢劫"。③如场所之间没有明确隔离，行为人在营业时间入内实施抢劫的，不认定为"入户抢劫"，但在非营业时间入内实施抢劫的，应认定为"入户抢劫"。

行为人必须认识到自己进入的是他人的家庭住所。入户主体不包括户内人员。为他人入户抢劫望风的共犯，也适用入户抢劫的加重法定刑。

（2）在公共交通工具上抢劫

公共交通工具要求具有公共性和运营性。从事旅客运输的各种公共汽车，大、中型出租车，火车、船只、飞机等属于"公共交通工具"。小型出租车不属于"公共交通工具"。在公共交通工具上抢劫，要求暴力、胁迫等强制行为必须发生在公共交通工具上。司法解释规定，对于虽不具有商业营运执照，但实际从事旅客运输的大、中型交通工具，可认定为"公共交通工具"。接送职工的单位班车、接送师生的校车等大、中型交通工具，同样视为"公共交通工具"。

（3）抢劫银行或者其他金融机构

抢劫对象须是经营资金。仅仅抢劫银行的办公用品不属于"抢劫银行"。抢劫银行大厅储户身上的现金，也不属于"抢劫银行"。

（4）多次抢劫或者抢劫数额巨大

"多次抢劫"应指抢劫3次以上。认定"抢劫数额巨大",参照各地认定盗窃罪数额巨大的标准执行。抢劫数额以实际抢劫到的财物数额为依据。对以数额巨大的财物为明确目标,由于意志以外的原因,未能抢到财物或实际抢得的财物数额不大的,应同时认定"抢劫数额巨大"和犯罪未遂的情节,根据刑法有关规定,结合未遂犯的处理原则量刑。

（5）抢劫致人重伤、死亡

致人重伤、死亡的主观心态包括故意和过失。因果关系要求抢劫行为与重伤、死亡之间具备直接性要件,且行为人对重伤、死亡具有预见可能性。必须是抢劫行为（压制反抗的行为和取财行为）导致的重伤或死亡,否则数罪并罚。"致人重伤、死亡"中的"人"不限于被害人本人,也包括其他人。例如,第三人帮助被害人阻拦抢劫,为了排除障碍,杀死第三人。事后抢劫引起被害人重伤、死亡的也属于结果加重犯。抢劫过程中的放弃行为过失导致被害人重伤、死亡的,不属于抢劫致人重伤、死亡的结果加重犯。

（6）冒充军警人员抢劫

军警人员利用自身的真实身份实施抢劫的,不能认定为"冒充军警人员抢劫",应依法从重处罚。

（7）持枪抢劫

这是指使用枪支或者向被害人显示持有、佩带的枪支进行抢劫的行为。这里的"枪"仅限于能发射子弹的真枪,不包括不能发射子弹的仿真枪与其他假枪;但不要求枪中装有子弹（可以是空枪）。因携带枪支抢夺而成立抢劫罪的,不属于持枪抢劫。

🔖 牛刀小试

甲与乙有一面之交，知其孤身一人。某日凌晨，甲携匕首到乙家盗窃，物色一段时间后，未发现可盗财物。此时，熟睡中的乙偶然大动作翻身，且口中念念有词。甲怕被乙认出，用匕首刺死乙，仓皇逃离。

对甲的行为应当如何定性？理由是什么？

🔖 参考答案

甲携带凶器盗窃、入户盗窃，应当成立盗窃罪和故意杀人罪并罚。如暴力行为不是作为压制财物占有人反抗的手段而使用的，只能视情况单独定罪。在盗窃过程中，为窝藏赃物、抗拒抓捕、毁灭罪证而使用暴力的，才能定抢劫罪。甲并非出于上述目的，因而不应认定为抢劫罪。在本案中，被害人并未发现罪犯的盗窃行为，并未反抗；甲也未在杀害被害人后再取得财物，故对甲的行为应以盗窃罪和故意杀人罪并罚，不能对甲定抢劫罪。

考点13 侵占罪

🔖 考点精讲

侵占罪，是指将代为保管的他人财物非法占为己有，数额较大，拒不退还的，或者将他人的遗忘物或者埋藏物非法占为己有，数额较大，拒不交出的行为。

1. 委托物（保管物、借用物等）的侵占

所有人转移占有→行为人自己所有。

2. 脱离占有物（遗忘物、埋藏物）的侵占

所有人非自愿脱离了占有→行为人自己所有。

3. 侵占罪与盗窃罪的区别

（1）侵占罪的根本特征：将自己占有、他人所有的财物转变为自己所有。在这个过程中，并没有占有的转移。盗窃、抢劫、抢夺、诈骗都没有这个特征。

（2）侵占罪的犯罪对象：①代为保管的他人财物；②他人的遗忘物、埋藏物（脱离占有物）。

（3）侵占罪与盗窃罪的界限：准备犯罪时财物由谁占有。有人占有物，则为盗窃；无人占有物或者自己占有物，则为侵占。

牛刀小试

甲系某袜厂业主，将袜子分批交由乙的父亲丙的定型厂定型。一个月后，甲发现有人在出售自己厂里生产的袜子，遂报案。公安机关经侦查发现，系乙将甲交付丙定型的袜子盗卖给他人。公安机关追回袜子62包，每包300~500双，价值共计87420元以上。案件发生后，乙的父母并不要求追究乙的刑事责任，还主动要求对甲的损失予以等额赔偿，公安机关也已经将全部被盗卖的袜子追回并发还甲。但甲仍以乙犯侵占罪，向法院提起诉讼。法院经审理查明：尽管丙经营的袜子加工厂在组织形式上系家庭经营，但实际上系由其夫妇共同经营，二人并未将甲委托加工的袜子交由乙保管。乙是在其父母不知情的情况下将这些袜子拿走卖掉的。

1. 乙的行为是否构成侵占罪？
2. 如果不处罚乙的行为，是否有法律依据？

参考答案

1.乙的行为不构成侵占罪。侵占罪的对象限于代为保管的他人财物，乙对该批袜子并不存在事实上的占有。甲将袜子委托给乙之父丙加工定型，尽管丙经营的袜子加工厂在组织形式上系家庭经营，但实际上系由其夫妇共同经营，二人并未将甲委托加工的袜子交由乙保管。乙是在其父母不知情的情况下将这些袜子拿走卖掉的。故乙对甲委托丙加工定型的袜子并未形成事实上的占有。乙在其父丙不知情的情况下，采取秘密窃取的手段，盗卖其父实际占有的财物，其行为不构成侵占罪，构成盗窃罪。

2.如果不处罚乙的行为，有法律依据。乙的行为虽不构成侵占罪，但乙在其父母不知情的情况下，采取秘密窃取的手段，将甲委托其父母加工而由其父母实际占有的袜子盗卖出去，形式上完全符合盗窃罪的构成特征。但是，根据本案的具体情况，对乙的盗窃行为可以不追究刑事责任。

主要理由是，被盗袜子虽然是甲的财产，但因系其委托乙的父亲丙进行加工而实际上由丙保管占有，丙对袜子的毁损、灭失负有赔偿责任，故本案实际上属于发生在家庭内部的盗窃案件。对于此类盗窃案件的处理，司法实践中一直采取慎重态度。最高人民法院、最高人民检察院《关于办理盗窃刑事案件适用法律若干问题的解释》第8条规定："偷拿家庭成员或者近亲属的财物，获得谅解的，一般可不认为是犯罪；追究刑事责任的，应当酌情从宽。"

因此，虽然本案乙盗窃的袜子的价值达8万余元，数额巨大，但鉴于其盗卖袜子造成的损失最终由其父母承担赔偿责任，且其父母也愿意积极赔偿甲的经济损失，其盗窃行为的社会危害性大大降低，从贯彻上述司法解释规定的精神和宽严相济刑事政策角度出发，不以盗窃罪追究其刑事责任有利于实现案件处理的良好社会效果。

考点14 诈骗罪

> **考点精讲**

诈骗罪，是指以非法占有为目的，使用欺骗方法，骗取数额较大的公私财物的行为。

1.诈骗罪结构

行为人实施了欺骗行为→被骗人陷入或维持了错误认识→被骗人基于错误认识而处分了财产→行为人或第三人取得了财产→被骗人或被害人丧失财产。

2.诈骗罪与盗窃罪的区别

（1）本质区别：被害人有无处分行为。很多欺骗行为仅是盗窃的预备行为。

（2）常见表现

①调虎离山：谎称被害人的亲人出事，将被害人骗开，趁机盗窃其财物。

②偷梁换柱：谎称能够把钱以少变多，然后趁被害人不注意时调包。

3.诈骗罪与敲诈勒索罪的关系

（1）行为人实施了欺骗行为，但表明自己只是转告者的身份，即使被害人陷入恐惧心理而处分财产的，也只成立诈骗罪。

（2）诈骗罪与敲诈勒索罪的想象竞合，即行为既让人陷入错误认识又让人内心恐惧，进而交付财物。

（3）既有欺骗又有敲诈，如果能断定行为人基于何种原因而处分财产的，直接按照该原因定罪。

4. 电信诈骗和电信盗窃

电信诈骗：以虚假、冒用的身份证件办理入网手续并使用移动电话，造成电信资费损失数额较大的，以诈骗罪定罪处罚。

电信盗窃：以牟利为目的，盗接他人通信线路、复制他人电信码号或者明知是盗接、复制的电信设备、设施而使用的，依照盗窃罪定罪处罚。

5. 帮助信息网络犯罪活动罪与诈骗罪帮助犯

（1）客观行为不同。前者被限制适用于提供技术支持、广告推广、支付结算等特定帮助行为，而对于一般性帮助行为，如提供场所、资金支持，以及其他未达到技术支持的严重性和决定性程度的行为，则更宜认定为电信网络诈骗犯罪的共犯。

（2）法益侵害不同。诈骗是侵犯财产类犯罪，侵犯的是公私财产所有权，而帮助信息网络犯罪活动罪属于扰乱公共秩序犯罪，特别是在"一帮多"的情形下，侵害法益具有多元化，不仅是网络空间管理秩序，甚至会蔓延至毒品、淫秽物品、洗钱、知识产权等不特定领域的秩序。

（3）主观故意不同。当行为人与被帮助人主观存在通谋时，如为事前事中通谋则为正犯共犯，事后帮助则构成掩饰、隐瞒犯罪所得罪等罪名；当行为人与被帮助人不存在主观通谋时，则要根据不同情形综合认定行为人"明知"他人利用信息网络实施犯罪而实施帮助。

📖 牛刀小试

事实1：甲获悉乙的网银账户内有30万元存款且无每日支付限额，遂以1元抽奖为由，发送给乙一个交易金额标注为1元而实际植入了支付30万元的计算机程序的虚假链接，谎称乙点击该链接并支付1元后即可参与抽奖。乙在诱导下点击了该虚假链接，其网银账户中的30万元随即通过甲预设的计算机程序，经在线平台支付到甲提前注册的账户中。

事实2：甲以虚假身份开设无货可供的电商店铺，并以低价吸引买家。甲事先在网游网站注册一账户，并对该账户预设充值程序，充值金额为买家欲支付的金额，后将该充值程序代码植入到一个虚假链接中。与买家商谈好商品价格后，甲以方便买家购物为由，将该虚假链接通过聊天工具发送给买家。买家误以为是电商链接而点击该链接进行购物、付款，并认为所付货款会汇入电商平台为担保交易而设立的公用账户，但该货款实际通过预设程序转入私人账户。

事实1和事实2的定罪是否相同，为什么？对于事实1和事实2应如何定罪处罚？

参考答案

盗窃是指以非法占有为目的，秘密窃取公私财物的行为；诈骗是指以非法占有为目的，采用虚构事实或者隐瞒真相的方法，骗取公私财物的行为。对既采取秘密窃取手段又采取欺骗手段非法占有财物行为的定性，应从行为人采取的主要手段和被害人有无处分财物意识方面区分盗窃与诈骗。

如果行为人获取财物时起决定性作用的手段是秘密窃取，诈骗行为只是为盗窃创造条件或作掩护，被害人也没有"自愿"交付财物的，就应当认定为盗窃；如果行为人获取财物时起决定性作用的手段是诈骗，被害人基于错误认识而"自愿"交付财物，盗窃行为只是辅助手段的，就应当认定为诈骗。

在信息网络情形下，行为人利用信息网络，诱骗他人点击虚假链接而实际上通过预先植入的计算机程序窃取他人财物构成犯罪的，应当以盗窃罪定罪处罚；行为人虚构可供交易的商品或者服务，欺骗他人为支付货款点击付款链接而获取财物构成犯罪的，应当以诈骗罪定罪处罚。

事实1中，甲使用预设计算机程序并植入的方法，秘密窃取他人网上银行账户内巨额钱款，构成盗窃罪。事实2中，甲以非法占有为目的，通过开设虚假的网络店铺和利用伪造的购物链接骗取他人数额较大的货款，构成诈骗罪。

考点15 贪污罪

考点精讲

1. 贪污罪与挪用公款罪

（1）相似之处

犯罪主体都是国家工作人员，犯罪手段都是利用职务之便。

（2）不同之处

贪污罪以非法占有为目的，挪用公款罪以非法使用为目的。

注意：两罪不是对立关系，贪污公款的行为一般也符合挪用公款的犯罪构成，只不过贪污罪多了一个非法占有的目的，在行为人将公款转移给个人占有时，如果能够查明行为人打算非法占有，就定贪污罪；如果不能够证明其有非法占有的目的，但符合挪用公款的构成，定挪用公款罪。

2. 贪污罪中"国家工作人员"身份的认定

"国家工作人员"不仅包括有正式编制的人员，还包括没有正式编制，但确实在国家机关、国有企业、事业单位、人民团体履行公务的人员。村委会主任等基层群众性自治组织的人员在"协助人民政府从事行政管理工作时"属于国家工作人员。

3.对"利用职务便利"的理解

"利用职务便利"是指利用主管、管理、经营、经手本单位财物的便利条件。如果行为人只是因为工作关系能够靠近财物,进而实施犯罪的,不属于"利用职务便利"。利用这种便利条件非法占有本单位的财物的,不构成贪污罪,可能构成盗窃罪。

牛刀小试

甲系某市国有公司的经理,乙系该公司的副经理。2005年,该公司进行产权制度改革,将国有公司改制为管理层控股的股份有限公司。其中,甲、乙及其他15名干部职工分别占40%、30%、30%股份。在改制过程中,国有资产管理部门委托某资产评估所对该公司的资产进行评估,资产评估所指派丙具体参与评估。在评估时,甲与乙明知在公司的应付款账户中有100万元系上一年度为少交利润而虚设的,经甲与乙以及公司其他领导班子成员商量,决定予以隐瞒,转入改制后的公司,按照股份分配给个人。当丙发现了该100万元应付款的问题时,公司领导班子决定以辛苦费的名义,从公司的其他公款中取出1万元送给丙。丙收下该款后,出具了隐瞒该100万元虚假的应付款的评估报告。随后,国有资产管理部门经研究批准了公司的改制方案。在尚未办理产权过户手续时,甲等人因被举报而案发。

1.甲与乙构成贪污罪还是私分国有资产罪?为什么?
2.甲与乙的犯罪数额如何计算?为什么?
3.甲与乙的犯罪属于既遂还是未遂?为什么?

参考答案

1.甲与乙构成贪污罪，而不构成私分国有资产罪。本案不符合以单位名义集体私分的特征，而是采取隐瞒的方式将公款予以非法占有，符合贪污罪的特征。本案的实质是共同贪污。

2.甲与乙应对100万元的贪污总数额负责，而不是只对个人所得部分负责；此外，用于行贿的1万元也应计入贪污数额。

3.甲与乙贪污100万元属于未遂，因为公司产权尚未过户，但贪污1万元属于既遂。贪污罪的既遂表现为行为人控制了国有财产。本案中，虽然国有资产管理部门已经批准了公司的改制方案，但在尚未办理产权过户手续时，甲等人即因被举报而案发。所以，他们并没有实际控制这100万元。

考点16　受贿罪与行贿罪

考点精讲

1.行贿罪、对非国家工作人员行贿罪、对有影响力的人行贿罪

这三种行贿罪都要求"为了谋取不正当利益"而行贿，所以如果为了谋取正当利益而行贿的，不构成犯罪。

不正当利益不等于非法利益，获取不公平的竞争优势（程序不正当）也属于不正当利益。例如，在研究生笔试中排名第一的小王，为了保证自己在面试中排名靠前，向公立大学主管面试工作的学院院长行贿，小王谋求的不是非法利益，但是属于"不正当利益"。如果小王只是为了保证自己获得公正的面试分数而向学院院长行贿的，则不构成行贿罪，但是学院院长构成受贿罪。

2.受贿罪、非国家工作人员受贿罪、利用影响力受贿罪

前两罪的共同之处是都利用本人的职务便利受贿，但两罪的主体不同。利用影响力受贿罪是利用本人对他人的影响力受贿。如果国家工作人员的近亲属、情妇等特定关系人单独受贿，国家工作人员事后知情，而不退还、上交财物的，认为国家工作人员具有受贿的故意，国家工作人员与特定关系人等构成受贿罪的共犯。

前两罪，无论给行贿人谋取正当利益还是不正当利益，都构成犯罪。利用影响力受贿罪则不同，只有为行贿人谋取不正当利益才构成犯罪。

3.行贿后贿赂款退回又被送还

（1）看行贿、受贿双方对之后收受或索要（主动或被动交还）财物的主观态度和认识，如果双方主观上能够认识到之后收受或索要（主动或被动交还）的财物是包含在之前退还的财物之中，则收受或索要的财物不宜单独计入受贿金额，该数额也不宜再重复纳入行贿金额。

（2）看收受或索要行为的发生是否对应新的请托事项。如果之前行贿、受贿行为所对应的请托事项已经完成，之后收受或索要行为的发生是基于新的请托事项，此时就要将事后所收受或索要的数额作为新的行贿与受贿，纳入之前的行贿、受贿数额内。

（3）看索要的财物与退还的财物是否具有同一性。如果事后收受或索要财物的金额超过了之前退还财物的金额，则不具有同一性。

4.《刑法修正案（十二）》关于行贿罪与受贿罪的规定

条款号	条旨	条文内容
第387条	单位受贿罪	国家机关、国有公司、企业、事业单位、人民团体，索取、非法收受他人财物，为他人谋取利益，情节严重的，对单位判处罚金，并对其直接负责的主管人员和其他直接责任人员，**处三年以下有期徒刑或者拘役；情节特别严重的，处三年以上十年以下有期徒刑。** 前款所列单位，在经济往来中，在帐外暗中收受各种名义的回扣、手续费的，以受贿论，依照前款的规定处罚。
第390条	对有影响力的人行贿罪	对犯行贿罪的，处**三年**以下有期徒刑或者拘役，并处罚金；因行贿谋取不正当利益，情节严重的，或者使国家利益遭受重大损失的，处**三年**以上十年以下有期徒刑，并处罚金；情节特别严重的，或者使国家利益遭受特别重大损失的，处十年以上有期徒刑或者无期徒刑，并处罚金或者没收财产。 **有下列情形之一的，从重处罚：** **（一）多次行贿或者向多人行贿的；** **（二）国家工作人员行贿的；** **（三）在国家重点工程、重大项目中行贿的；** **（四）为谋取职务、职级晋升、调整行贿的；** **（五）对监察、行政执法、司法工作人员行贿的；** **（六）在生态环境、财政金融、安全生产、食品药品、防灾救灾、社会保障、教育、医疗等领域行贿，实施违法犯罪活动的；** **（七）将违法所得用于行贿的。** 行贿人在被追诉前主动交待行贿行为的，可以从轻或者减轻处罚。其中，犯罪较轻的，对**调查突破**、侦破重大案件起关键作用的，或者有重大立功表现的，可以减轻或者免除处罚。
第391条	对单位行贿罪	为谋取不正当利益，给予国家机关、国有公司、企业、事业单位、人民团体以财物的，或者在经济往来中，违反国家规定，给予各种名义的回扣、手续费的，处三年以下有期徒刑或者拘役，并处罚金；**情节严重的，处三年以上七年以下有期徒刑，并处罚金。** 单位犯前款罪的，对单位判处罚金，并对其直接负责的主管人员和其他直接责任人员，处三年以下有期徒刑或者拘役，并处罚金。

续表

条款号	条旨	条文内容
第393条	单位行贿罪	单位为谋取不正当利益而行贿，或者违反国家规定，给予国家工作人员以回扣、手续费，情节严重的，对单位判处罚金，并对其直接负责的主管人员和其他直接责任人员，处三年以下有期徒刑或者拘役，并处罚金；情节特别严重的，处三年以上十年以下有期徒刑，并处罚金。因行贿取得的违法所得归个人所有的，依照本法第三百八十九条、第三百九十条的规定定罪处罚。

牛刀小试

甲、乙分别利用担任某街道工委书记、某办事处主任的职务便利，为某房地产开发有限责任公司总经理丙在某创业园区低价获取100亩土地等提供帮助，并分别以其亲属名义与丙共同注册成立A公司，以"开发"上述土地。甲、乙既未实际出资，也未参与该公司经营管理。次年6月，丙以A公司的名义将该公司及其土地使用权转让给B公司，甲、乙以参与利润分配名义，分别收受丙给予的480万元。案发前，乙因甲被调查，退给丙80万元。案发后，甲、乙所得赃款及赃款收益均被依法追缴。

甲、乙及其辩护人提出，二被告人与丙共同开办A公司开发土地获取"利润"480万元，不应认定为受贿罪，他们收取的是合办公司的利润。这一说法是否正确？

参考答案

甲、乙及其辩护人的说法不正确。甲时任某街道工委书记，乙时任某街道办事处主任，对某创业园区的招商工作、土地使用权转让负有领导或协调职责，二人分别利用各自职务便利，为丙低价取得创业园区的土地等提供了帮助，属于利用职务上的便利为他人谋取利益；在此期间，甲、乙与丙商议合作成立A公司用于"开发"上述土地，公司注册资金全部来源于丙，甲、乙既未实际出资，也未参与公司的经营管理。因此，甲、乙利用职务便利为丙谋取利益，以与丙合办公司开发该土地的名义而分别获取的480万元，并非所谓的公司利润，而是利用职务便利使丙低价获取土地并转卖后获利的一部分，体现了受贿罪权钱交易的本质，属于以合办公司为名的变相受贿，应以受贿罪论处。

刑事诉讼法

考点01　认罪认罚从宽原则

> 考点精讲

1. 认罪认罚的认定

（1）认罪

认罪认罚从宽制度中的"认罪"，是指犯罪嫌疑人、被告人自愿如实供述自己的罪行，对指控的犯罪事实没有异议。

承认指控的主要犯罪事实，仅对个别事实情节提出异议，或者虽然对行为性质提出辩解但表示接受司法机关认定意见的，不影响"认罪"的认定。

犯罪嫌疑人、被告人犯数罪，仅如实供述其中一罪或部分罪名事实的，全案不作"认罪"的认定，不适用认罪认罚从宽制度，但对如实供述的部分，人民检察院可以提出从宽处罚的建议，人民法院可以从宽处罚。

（2）认罚

认罪认罚从宽制度中的"认罚"，是指犯罪嫌疑人、被告人真诚悔罪，愿意接受处罚。

"认罚"，在侦查阶段表现为表示愿意接受处罚；在审查起诉阶段表现为接受人民检察院拟作出的起诉或不起诉决定，认可人民检察院的量刑建议，签署认罪认罚具结书；在审判阶段表现为当庭确认自愿签署具结书，愿意接受刑罚处罚。

"认罚"考察的重点是犯罪嫌疑人、被告人的悔罪态度和悔罪表现，应当结合退赃退赔、赔偿损失、赔礼道歉等因素来考量。

犯罪嫌疑人、被告人虽然表示"认罚"，却暗中串供、干扰证人作证、毁灭、伪造证据或者隐匿、转移财产，有赔偿能力而不赔偿损失，则不能适用认罪认罚从宽制度。

犯罪嫌疑人、被告人享有程序选择权，不同意适用速裁程序、简易程序的，不影响"认罚"的认定。

2. 认罪认罚从宽处理适用条件

三个条件同时具备：①犯罪嫌疑人、被告人承认指控的犯罪事实。②犯罪嫌疑人、被告人自愿如实供述自己的罪行。③犯罪嫌疑人、被告人愿意接受处罚。

从宽要求：可以（而非应当）从宽。

3. 认罪认罚从宽处理的程序要求

（1）审查起诉阶段的程序一：告知权利、听取意见

从宽的告知：犯罪嫌疑人认罪认罚的，检察院应当告知其享有的诉讼权利和认罪认罚的法律规定。

听谁意见：犯罪嫌疑人、辩护人或者值班律师、被害人及其诉讼代理人。

听啥意见：①涉嫌的犯罪事实、罪名及适用的法律规定。②从轻、减轻或者免除处罚等从宽处罚的建议。③认罪认罚后案件审理适用的程序。

（2）审查起诉阶段的程序二：签署认罪认罚具结书

基本程序：犯罪嫌疑人自愿认罪，同意量刑建议和程序适用的，应当在辩护人或者值班律师在场的情况下签署认罪认罚具结书。

无须签署具结书的情形：①犯罪嫌疑人是盲、聋、哑人，或者是尚未完全丧失辨认或者控制自己行为能力的精神病人的。②未成年犯罪嫌疑人的法定代理人、辩护人对未成年人认罪认罚有异议的。

（3）审查起诉阶段的程序三：提出量刑建议

建议内容：犯罪嫌疑人认罪认罚的，检察院应当就主刑、附加刑、是否适用缓刑等提出量刑建议。

材料移送：随案移送认罪认罚具结书等材料。

（4）审判阶段的程序一：告知、审查

告知：被告人认罪认罚的，审判长应当告知被告人享有的诉讼权利和认罪认罚的法律规定。

审查内容：①认罪认罚的自愿性。②认罪认罚具结书内容的真实性、合法性。

（5）审判阶段的程序二：量刑建议的采纳

一般规定：对于认罪认罚案件，法院依法作出判决时，一般应当采纳检察院指控的罪名和量刑建议。

例外情形：不采纳。①被告人的行为不构成犯罪或不应当追究其刑事责任的。②被告人违背意愿认罪认罚的。③被告人否认指控的犯罪事实的。④起诉指控的罪名与审理认定的罪名不一致的。

4. 具有法定情形不予追究刑事责任原则

法定情形（六种）	不同阶段的处理方式			
	立案阶段	侦查阶段	审查起诉阶段	审判阶段
情节显著轻微、危害不大，不认为是犯罪的	不立案	撤销案件	不起诉（法定）	宣告无罪
犯罪已过追诉时效	不立案	撤销案件	不起诉（法定）	终止审理

续表

法定情形（六种）	不同阶段的处理方式			
	立案阶段	侦查阶段	审查起诉阶段	审判阶段
经特赦令免除刑罚的	不立案	撤销案件	不起诉（法定）	终止审理
告诉才处理的犯罪，没有告诉或撤回告诉的	不立案	撤销案件	不起诉（法定）	终止审理
犯罪嫌疑人、被告人死亡的	不立案	撤销案件	不起诉（法定）	终止审理或宣告无罪
其他法律规定免予追究刑事责任的	不立案	撤销案件	不起诉（法定）	终止审理

牛刀小试

甲之妻乙与丙之父亲丁在某社区内因地面上散落的碎玻璃发生争执，甲见状将乙手中的汤饭泼向丁脸部。丙得知此事后，召集丁和弟弟戊在甲家门前对其谩骂，并与甲和其哥哥甲大发生激烈争吵，丁上前手戳甲脸部，丙则挑衅甲大，甲遂向丁胸部打出一拳还击，后丁、丙、戊三人恼羞成怒，合力殴打甲和甲大，在此过程中丙失手打伤了甲大（后甲大被鉴定为轻伤），并打死了甲。事发后，丙主动报警，自动投案，并如实供述自己的罪行，签署了《认罪认罚具结书》。检察机关认为犯罪事实清楚，证据确实、充分，遂以故意伤害罪（致死）向法院提起公诉。

本案是否符合适用认罪认罚从宽制度的条件？如果被告人丙认为乙和甲大的赔偿要求过高而不接受该赔偿要求，是否影响认罪认罚从宽制度的适用？

参考答案

本案符合认罪认罚从宽制度的适用条件，被告人丙认为乙和甲大的赔偿要求过高而不接受不影响认罪认罚从宽制度的适用。首先，虽然被告人丙可能被判处较高的刑罚，但是《刑事诉讼法》并未对认罪认罚从宽制度适用的案件范围进行限制，这意味着所有刑事案件都可以适用认罪认罚从宽制度。其次，案发后被告人丙主动报警，自动投案，并如实供述自己的罪行，自愿签署《认罪认罚具结书》，因此符合认罪认罚的要求。最后，对于被告人丙认为乙和甲大的赔偿要求过高而不接受，根据相关解释的规定，犯罪嫌疑人、被告人认罪认罚，但没有退赃退赔、赔偿损失，未能与被害方达成调解或者和解协议的，从宽时应当予以酌减。犯罪嫌疑人、被告人自愿认罪并且愿意积极赔偿损失，但由于被害方赔偿请求明显不合理，未能达成调解或者和解协议的，一般不影响对犯罪嫌疑人、被告人从宽处理。因此从本案的情况来看，乙和甲大的赔偿要求过高，被告人丙不接受，不影响认罪认罚从宽制度的适用。

考点02　管辖

考点精讲

1.中级人民法院管辖

管辖案件范围：（1）危害国家安全、恐怖活动案件。（2）违法所得的没收案件。（3）可能判处无期徒刑、死刑案件。（4）按照缺席审判程序审理被告在境外的贪污贿赂案件、恐怖活动案件。

特殊情形：（1）受理恒定原则：检察院认为可能判处无期徒刑、死刑，向中级法院提起公诉的案件，中级法院受理后，认为不需要判处无期徒刑、死刑的，应当依法审判，不再交基层法院审判（不退回、不下放）。（2）就高全案移送原则：一人犯数罪、共同犯罪或者其他需要并案审理的案件，只要其中一人或一罪属于上级法院管辖的，全案由上级法院管辖；未成年人与成年人共同犯罪的，可以分案处理。

2.地域管辖

以犯罪地管辖为主，被告人居住地管辖为辅原则。

（1）犯罪地

犯罪地包括犯罪行为发生地和犯罪结果发生地。

①犯罪行为发生地。既包括预备行为地，也包括实行行为地。

②持续犯的行为地。对于持续犯，在犯罪持续过程中，犯罪行为所途经的任何地点的法院都有管辖权。

③网络犯罪的犯罪地。针对或者主要利用计算机网络实施的犯罪，犯罪地包括用于实施犯罪行为的网络服务使用的服务器所在地，网络服务提供者所在地，被侵害的信息网络系统及其管理者所在地，犯罪过程中被告人、被害人使用的信息网络系统所在地，以及被害人被侵害时所在地和被害人财产遭受损失地等。

（2）居住地

自然人居住地：自然人居住地是指被告人的户籍地，经常居住地与户籍地不一致的，经常居住地为其居住地。经常居住地为被告人被追诉前已连续居住1年以上的地方，但住院就医的除外。

单位居住地：被告单位登记的住所地为其居住地。主要营业地或者主要办事机构所在地与登记的住所地不一致的，主要营业地或者主要办事机构所在地为其居住地。

由被告人居住地的法院管辖更为适宜的情况一般包括：①被告人流窜作案，主要犯罪地难以确定，而其居住地的群众更多地了解案件的情况。②被告人在居住地民愤极大，当地群众要求在当地审判的。③可能对被告人适用缓刑、管制或者单独适用剥夺政治权利等刑罚，因而需要在其居住地执行的。

3. 移送管辖

移送规则：上级法院在必要的时候，可以审判下级法院管辖的第一审刑事案件；下级法院认为案情重大、复杂需要由上级法院审判的第一审刑事案件，可以请求移送上一级法院审判。

（1）应当移送：可能判处无期徒刑、死刑的第一审刑事案件。

（2）可以移送：①重大、复杂案件。②新类型的疑难案件。③在法律适用上具有普遍指导意义的案件。

（3）移送程序：①需要将案件移送中级法院审判的，应当在报请院长决定后，至迟于案件审理期限届满15日以前书面请求移送。②中级法院应当在接到申请后10日以内作出决定。③不同意移送的，应当下达不同意移送决定书，由请求移送的法院依法审判。④同意移送的，应当下达同意移送决定书，并书面通知同级检察院。

4. 指定管辖

（1）争议指定管辖：两个以上同级法院管辖权发生争议的，应当在审理期限内协商解决；协商不成的，由争议的法院分别层报共同的上级法院指定管辖。

（2）必要指定管辖：上级法院在必要时，可以指定下级法院将其管辖的案件移送其他下级法院审判。

（3）回避指定管辖：有管辖权的法院因案件涉及本院院长需要回避或者其他原因，不宜行使管辖权的，可以请求移送上一级法院管辖。上一级法院可以管辖，也可以指定与提出请求的法院同级的其他法院管辖。

（4）特定指定管辖：第二审法院发回重新审判的案件，检察院撤回起诉后，又向原第一审法院的下级法院重新提起公诉的，下级法院应当将有关情况层报原第二审法院。原第二审法院根据具体情况，可以决定将案件移送原第一审法院或者其他法院审判。

（5）指定管辖后的案卷移送：原受理案件的法院在收到上级法院改变管辖决定书、同意移送决定书或指定其他法院管辖的决定书后，对公诉案件，应当书面通知同级检察院，并将案卷材料退回，同时书面通知当事人；对自诉案件，应当将案卷材料移送被指定管辖的法院，并书面通知当事人（公诉：原路退回；自诉：直接移送）。

牛刀小试

H省M市N县法院依法受理一起集资诈骗案，庭审前，N县法院发现该案重大、复杂，遂将案件移送给M市中级法院审理。M市中级法院一审判决后，多名被告不服，提出上诉。H省高级法院以事实不清、证据不足为由发回重审，此时，M市检察院撤回起诉。半个月后，M市检察院指令N县检察院就该案再次向N县法院起诉。

该案如何处理？

参考答案

该案应当由N县法院层报H省高级法院，并由H省高级法院指定M市中级法院或者其他法院审理。理由是：按照《刑诉解释》①第23条的规定，"第二审人民

---

① 即《最高人民法院关于适用〈中华人民共和国刑事诉讼法〉的解释》，下同。

法院发回重新审判的案件，人民检察院撤回起诉后，又向原第一审人民法院的下级人民法院重新提起公诉的，下级人民法院应当将有关情况层报原第二审人民法院。原第二审人民法院根据具体情况，可以决定将案件移送原第一审人民法院或者其他人民法院审判"。

考点03　辩护

考点精讲

1. 辩护人的范围

（1）不得担任辩护人的人

绝对不能：①正在被执行刑罚或处于缓刑、假释考验期间的人。②依法被剥夺、限制人身自由的人。③无行为能力人或限制行为能力人。

相对不能（犯罪嫌疑人、被告人的监护人或近亲属例外）：①公安机关、监察机关、检察院、法院、国家安全机关、人民陪审员、监狱的现职人员（不含政法委、司法行政机关的现职人员）。②被吊销律师、公证员执业证书或者被开除公职的人。③无国籍人。④与本案审理结果有利害关系的人。⑤外国人。

（2）法院、检察院工作人员担任辩护人的特殊规定

法院工作人员：①从法院离任后2年内，不得以律师身份担任辩护人。②从法院离任后，不得担任原任职法院所审理案件的辩护人，但系被告人的监护人、近亲属的除外。③审判人员和法院其他工作人员的配偶、子女或者父母不得担任其任职法院所审理案件的辩护人，但系被告人的监护人、近亲属的除外。

检察院工作人员：①检察人员从法院、检察院离任后2年以内，不得以律师身

份担任辩护人。②检察人员从检察院离任后，不得担任原任职检察院办理案件的辩护人。但作为犯罪嫌疑人的监护人、近亲属进行辩护的除外。③检察人员的配偶、子女不得担任该检察人员所任职检察院办理案件的辩护人。

2.辩护人的权利

（1）阅卷权

律师（无须办案机关批准）：

①阅卷时间：自检察院对案件审查起诉之日起。

②阅卷方式和内容：辩护律师可以摘抄、查阅、复制（复印、拍照、扫描、电子数据拷贝等）本案的案卷材料，包括案件的诉讼文书和证据材料。可以带律师助理协助阅卷。不得查阅：合议庭、审委会、检委会讨论记录以及其他依法不公开的材料。

③阅卷时间、次数：辩护律师提出阅卷要求的，检察院应当当时安排，无法当时安排的，应当说明理由并安排其3个工作日以内阅卷；辩护人查阅、摘抄、复制案卷材料的，法院应当提供便利，并保证必要的时间。不得限制辩护律师阅卷次数和时间。

非律师：须经检察院或法院许可。

（2）会见通信权

律师：

①证书要求：受委托的律师凭律师执业证书、律师事务所证明和委托书或者法律援助公函即可以要求会见。

②会见限制：危害国家安全犯罪、恐怖活动犯罪，侦查阶段辩护律师会见在押或被监视居住的嫌疑人，需要侦查机关批准。侦查机关自辩护律师申请之日起3日内书面决定是否许可会见。侦查机关决定许可的，应当事先通知看守所。

③在场要求：律师会见嫌疑人、被告人，不被监听（非律师无此限制）。

④时间要求：律师要求会见犯罪嫌疑人的，看守所应当及时安排，至迟不得

⑤核实证据：自案件移送审查起诉之日起，可以向犯罪嫌疑人、被告人核实有关证据。

⑥2名辩护律师的会见方式：可以共同会见，也可以单独会见。辩护律师可以带1名律师助理协助会见，助理人员随同辩护律师参加会见的，应当出示律师事务所证明和律师执业证书或申请律师执业人员实习证。办案机关应当核实律师助理的身份。

⑦律师带翻译人员会见的规定：辩护律师会见在押或者被监视居住的犯罪嫌疑人需要聘请翻译人员的，应当经公安机关审查。对于符合相关规定的，应当许可；对于不符合规定的，及时通知其更换翻译人员参与会见，看守所或者监视居住执行机关应当查验公安机关的许可决定文书（而非身份证或者工作证）。

⑧通信权的保障和限制：看守所应当及时传递辩护律师同犯罪嫌疑人、被告人的往来信件，可以对信件进行必要的检查，但不得截留、复制、删改信件，不得向办案机关提供信件内容，但信件内容涉及危害国家安全、公共安全、严重危害他人人身安全以及涉嫌串供、毁灭证据等情形的除外。

非律师：须经检察院或法院许可。

（3）调查取证权

律师（须经许可）：

①一般取证规则：辩护律师经证人或者其他有关单位和个人同意，可以向他们收集与本案有关的材料。

②向被害方取证规则：辩护律师经检察院或法院许可，并且经被害人或其近亲属、被害人提供的证人同意，可以向他们收集与本案有关的材料。

③申请取证规则：辩护律师可以申请检察院或法院调查取证的，检察院、法

院应当在3日内作出是否同意的决定，并通知辩护律师。辩护律师书面提出申请时，办案机关不同意的，应当书面说明理由；辩护律师口头提出申请的，办案机关可以口头答复。

④未随案移送证据的申请调取：辩护律师认为在调查、侦查、审查起诉期间监察机关、公安机关、检察院收集的证明嫌疑人、被告人无罪、罪轻的证据材料未随案移送的，可申请法院、检察院调取。

非律师：无调查取证权。

（4）申诉、控告权

辩护人、诉讼代理人认为公安机关、检察院、法院及其工作人员阻碍其依法行使诉讼权利的，有权向同级或者上一级检察院申诉或者控告。

（5）获得通知权

侦查阶段应当通知辩护律师的：移送审查起诉（侦查终结移送检察院审查起诉的，应当将案件移送情况告知犯罪嫌疑人及其辩护律师）。

审查起诉阶段应当通知辩护律师的：①退回补充侦查；②提起公诉（前进倒退均告知）。

审判阶段应当通知辩护律师的：①延期审理；②二审不开庭；③宣告判决。

除上述公安司法机关应当在各自的办案阶段依法主动告知辩护律师的外，其他案件情况，只有辩护律师提出了解案件情况要求的，公安司法机关才应依法告知相关案件情况。

（6）人身保障权

辩护人涉嫌犯罪的立案侦查：

①侦查机关：报请办理辩护人所承办案件的侦查机关的上一级侦查机关指定其他侦查机关立案侦查，或者由上一级侦查机关立案侦查。

②通知：辩护律师涉嫌犯罪被采取强制措施后，应当在48小时以内通知其所在律师事务所或者所属的律协。

（7）提出意见权

办案机关应当听取：①审查起诉阶段，检察院应当听取辩护人的意见。②二审不开庭，应当听取辩护人的意见。③对未成年人审查批捕、审查起诉，应当听取辩护人的意见。

只有在上述三种情况，公安司法机关应当听取辩护律师意见。其他任何情形下，都是在"辩护律师提出要求的"前提下，公安司法机关才应当听取。

3.值班律师制度

（1）值班律师参与诉讼的前提：犯罪嫌疑人、被告人没有委托辩护人，法律援助机构没有指派律师为其提供辩护。

（2）值班律师提供法律帮助范围：①程序选择建议。②申请变更强制措施。③提供法律咨询。④对案件处理提出意见。

（3）听取值班律师意见：检察院审查案件时，应当听取值班律师意见；应当提前为值班律师了解案件有关情况提供必要的便利。

（4）值班律师见证签署认罪认罚具结书：犯罪嫌疑人自愿认罪，同意量刑建议和程序适用的，应当在辩护人或者值班律师在场的情况下签署认罪认罚具结书。

牛刀小试

甲因涉嫌为境外刺探、窃取国家秘密罪被逮捕，甲随后委托了律师乙担任其辩护人。侦查期间，乙带了1名律师助理到看守所准备会见甲，被看守所拒绝。后乙通过书信的方式与在押的甲进行了案情交流，看守所对信件检查后，将信件予以截留。乙认为看守所侵犯了自己的诉讼权利，遂向看守所提出申诉，看守所不予受理并告知乙应当向侦查机关申诉。侦查终结前，乙要求对案件提出意见，侦查机关认为乙没有提出书面申请，并予以拒绝，后决定移送审查起诉，并将案件移送情况告知了甲本人。案件进入审判阶段，乙选择无罪辩护，并认为公诉机关尚有能够证明甲无罪的证据没有移送法院，遂书面申请法院调取该证据，法院经审查后，承办案件的法官口头告知乙不予调取，并说明了不同意的理由。在法庭辩论阶段，乙发表量刑建议后，公诉人认为，乙既然选择无罪辩护，其主张的从宽量刑意见，法庭不宜采纳。

在本案中，办案机关的做法是否合法？请说明理由。

参考答案

1. 看守所拒绝乙进入看守所会见甲的做法是合法的。理由是：按照《刑事诉讼法》第39条第3款的规定，"危害国家安全犯罪、恐怖活动犯罪案件，在侦查期间辩护律师会见在押的犯罪嫌疑人，应当经侦查机关许可。上述案件，侦查机关应当事先通知看守所"。结合题干，为境外刺探、窃取国家秘密罪属于危害国家安全罪，乙没有得到侦查机关的许可，看守所有权拒绝其进入看守所会见甲。

2. 看守所截留甲与乙的交流信件是合法的。理由是：按照两高三部《关于依法保障律师执业权利的规定》第13条的规定，"看守所应当及时传递辩护律师同犯罪嫌疑人、被告人的往来信件。看守所可以对信件进行必要的检查，但不得截留、复制、删改信件，不得向办案机关提供信件内容，但信件内容涉及危害国家安全、公共安全、严重危害他人人身安全以及涉嫌串供、毁灭证据等情形的除外"。结合本案，甲涉嫌的是危害国家安全罪，看守所有权截留其与辩护律师的信件。

3. 看守所告知乙应当向侦查机关申诉的做法是错误的。理由是：按照《刑事诉讼法》第49条的规定，"辩护人、诉讼代理人认为公安机关、人民检察院、人民法院及其工作人员阻碍其依法行使诉讼权利的,有权向同级或者上一级人民检察院申诉或者控告"。结合题干,乙可以向侦查机关的同级或者上一级检察院申诉。

4.侦查机关对乙提出意见的要求予以拒绝是错误的。理由是:按照《刑事诉讼法》第161条的规定,"在案件侦查终结前,辩护律师提出要求的,侦查机关应当听取辩护律师的意见,并记录在案。辩护律师提出书面意见的,应当附卷"。法律并未规定辩护律师应当以书面形式提出意见,可见,侦查机关拒绝听取的做法是错误的。

5.侦查机关决定移送起诉的,只通知犯罪嫌疑人甲的做法是错误的。理由是:按照《刑事诉讼法》第162条第1款的规定,"公安机关侦查终结的案件,应当……同时将案件移送情况告知犯罪嫌疑人及其辩护律师"。可见,侦查机关移送起诉的,不仅应当告知犯罪嫌疑人,还应当告知其辩护律师。结合题干,侦查机关的做法是不合法的。

6.法官口头告知乙不予调取证据的做法是错误的。理由是:按照两高三部《关于依法保障律师执业权利的规定》第18条规定:"辩护律师申请人民检察院、人民法院收集、调取证据的,人民检察院、人民法院应当在三日以内作出是否同意的决定,并通知辩护律师。辩护律师书面提出有关申请时,办案机关不同意的,应当书面说明理由;辩护律师口头提出申请的,办案机关可以口头答复。"结合本案,乙是书面申请的,法院就应当书面决定不予调取,并说明理由,因此,法官的做法是不合法的。

7.公诉人主张乙从宽处理的量刑辩护不予采纳是错误的。理由是:按照两高三部《关于依法保障律师执业权利的规定》第35条的规定,"辩护律师作无罪辩护的,可以当庭就量刑问题发表辩护意见,也可以庭后提交量刑辩护意见"。结合题干,公诉人主张乙量刑辩护不予采纳的做法是错误的。

考点04　刑事证据与证明标准

考点精讲

1. 物证、书证的审查判断

（1）不得采用的物证、书证

在勘验、检查、搜查过程中提取、扣押的物证、书证，未附笔录或者清单，不能证明物证、书证来源的，不得作为定案的根据。

（2）补正或合理解释后可以采用的物证、书证

①勘验、检查、搜查、提取笔录或者扣押清单上没有调查人员或者侦查人员、物品持有人、见证人签名，或者对物品的名称、特征、数量、质量等注明不详的。

②物证的照片、录像、复制品，书证的副本、复制件未注明与原件核对无异，无复制时间，或者无被收集、调取人签名的。

③物证的照片、录像、复制品，书证的副本、复制件没有制作人关于制作过程和原物、原件存放地点的说明，或者说明中无签名的。

2. 证人证言

证人证言的补强规则：下列证据应当慎重使用，有其他证据印证的，可以采信：（1）生理上、精神上有缺陷，对案件事实的认知和表达存在一定困难，但尚未丧失正确认知、表达能力的被害人、证人和被告人所作的陈述、证言和供述；（2）与被告人有亲属关系或者其他密切关系的证人所作的有利于被告人的证言，或者与被告人有利害冲突的证人所作的不利于被告人的证言。

不能作为证据使用的：处于明显醉酒、中毒或者麻醉等状态，不能正常感知

或者正确表达的证人所提供的证言，不得作为证据使用。证人的猜测性、评论性、推断性的证言，不得作为证据使用，但根据一般生活经验判断符合事实的除外。

不得作为定案根据的证人证言：（1）询问证人没有个别进行的。（2）书面证言没有经证人核对确认的。（3）询问聋、哑人，应当提供通晓聋、哑手势的人员而未提供的。（4）询问不通晓当地通用语言、文字的证人，应当提供翻译人员而未提供的。

3. 犯罪嫌疑人、被告人的供述和辩解

（1）犯罪嫌疑人、被告人的供述和辩解的收集

以笔录形式加以固定的口头陈述。经犯罪嫌疑人、被告人请求或者办案人员要求，也可以由犯罪嫌疑人、被告人亲笔书写供词。

共犯口供仍属口供，共犯不能互为证人（对共同犯罪以外的事实所作的陈述是证人证言）。

（2）不得作为定案根据的被告人供述：①讯问笔录没有经被告人核对确认的。②讯问聋、哑人，应当提供通晓聋、哑手势的人员而未提供的。③讯问不通晓当地通用语言、文字的被告人，应当提供翻译人员而未提供的。④讯问未成年人，其法定代理人或者合适成年人不在场的。

（3）翻供的处理：①被告人庭中翻供，但不能合理说明翻供原因或其辩解与全案证据相矛盾，而庭前供述与其他证据能够相互印证的，可以采信其庭前供述。②被告人庭前供述和辩解存在反复，但庭审中供认，且与其他证据相互印证的，可以采信其庭审供述。

4. 鉴定意见

（1）不得作为定案根据的鉴定意见：①鉴定机构不具备法定资质，或者鉴定事项超出该鉴定机构业务范围、技术条件的。②鉴定人不具备法定资质，不具有

相关专业技术或者职称，或者违反回避规定的。③送检材料、样本来源不明，或者因污染不具备鉴定条件的。④鉴定对象与送检材料、样本不一致的。⑤鉴定程序违反规定的。⑥鉴定过程和方法不符合相关专业的规范要求的。⑦鉴定文书缺少签名、盖章的。⑧鉴定意见与案件事实没有关联的。

（2）鉴定人拒绝出庭的处理：经法院通知，鉴定人拒不出庭作证的，鉴定意见不得作为定案的根据。鉴定人由于不能抗拒的原因或者有其他正当理由无法出庭的，法院可以根据情况决定延期审理或者重新鉴定。鉴定人无正当理由拒不出庭作证的，法院应当通报司法行政机关或者有关部门。

5. 勘验、检查、辨认笔录

勘验、检查笔录存在明显不符合法律、有关规定的情形，不能作出合理解释的，不得作为定案的根据。

辨认笔录具有下列情形之一的，不得作为定案的根据的情形：（1）辨认不是在调查人员、侦查人员主持下进行的；（2）辨认前使辨认人见到辨认对象的；（3）辨认活动没有个别进行的；（4）辨认对象没有混杂在具有类似特征的其他对象中，或者供辨认的对象数量不符合规定的；（5）辨认中给辨认人明显暗示或者明显有指认嫌疑的。

6. 视听资料、电子数据

（1）对视听资料的审查

按照《刑诉解释》第108条规定，应当从以下几方面对视听资料进行审查，对视听资料有疑问的，应当进行鉴定：①是否附有提取过程的说明，来源是否合法。②是否为原件，有无复制及复制份数；是复制件的，是否附有无法调取原件的原因、复制件制作过程和原件存放地点的说明，制作人、原视听资料持有人是否签名。③制作过程中是否存在威胁、引诱当事人等违反法律、有关规定的情形。④是否写明制作人、持有人的身份，制作的时间、地点、条件和方法。⑤内容和制作过程是否真实，有无剪辑、增加、删改等情形。⑥内容与案件事实有无关联。

（2）电子数据的范围

电子数据是指案件发生过程中形成的，以数字化形式存储、处理、传输的，能够证明案件事实的数据。电子数据包括但不限于下列信息、电子文件：①网页、博客、微博客、朋友圈、贴吧、网盘等网络平台发布的信息。②手机短信、电子邮件、即时通信、通讯群组等网络应用服务的通信信息。③用户注册信息、身份认证信息、电子交易记录、通信记录、登录日志等信息。④文档、图片、音视频、数字证书、计算机程序等电子文件。

（3）电子数据的收集和移送

收集、提取的电子数据，以及通过网络在线提取的电子数据，可以作为证据使用。收集、提取电子数据，应当由2名以上侦查人员进行。

7.非法证据排除规则

（1）非法言词证据的排除范围

证据种类	非法手段	非法程度或影响	排除标准
犯罪嫌疑人、被告人供述	采取殴打、违法使用戒具等暴力方法或者变相肉刑的恶劣手段	使犯罪嫌疑人、被告人遭受难以忍受的痛苦而违背意愿作出的供述	应当予以排除
	采用以暴力或者严重损害本人及其近亲属合法权益等进行威胁的方法	使犯罪嫌疑人、被告人遭受难以忍受的痛苦而违背意愿作出的供述	应当予以排除

续表

证据种类	非法手段	非法程度或影响	排除标准	
犯罪嫌疑人、被告人供述	采用非法拘禁等非法限制人身自由的方法	无程度要求	应当予以排除	
	采用刑讯逼供方法使犯罪嫌疑人、被告人作出供述	之后犯罪嫌疑人、被告人受该刑讯逼供行为影响而作出的与该供述相同的重复性供述	原则	应当前后供述一并排除
			排除例外	调查、侦查期间，监察机关、侦查机关根据控告、举报或者自己发现等，确认或者不能排除以非法方法收集证据而更换调查、侦查人员，其他调查、侦查人员再次讯问时告知有关权利和认罪的法律后果，被告人自愿供述的
				审查逮捕、审查起诉和审判期间，检察人员、审判人员讯问时告知诉讼权利和认罪的法律后果，犯罪嫌疑人、被告人自愿供述的
证人证言、被害人陈述	暴力	无程度要求	应当予以排除	
	威胁	无程度要求	应当予以排除	
	非法限制人身自由	无程度要求	应当予以排除	

（2）非法实物证据的排除范围

收集物证、书证不符合法定程序，可能严重影响司法公正的，应当予以补正或者作出合理解释；不能补正或者作出合理解释的，对该证据应当予以排除。认定"可能严重影响司法公正"，应当综合考虑收集证据违反法定程序以及所造成后果的严重程度等情况。

（3）非法证据排除的阶段和方式

在侦查、审查起诉、审判时发现有应当排除的证据的，应当依法予以排除，不得作为起诉意见、起诉决定和判决的依据。非法证据排除程序，既可以因当事人、辩护人、诉讼代理人申请而启动，也可以由公安、司法机关依职权主动进行。

8.刑事诉讼证明标准

刑事诉讼中的证明标准，是指法律规定的检察机关和当事人运用证据证明案件事实要求达到的程度。我国刑事诉讼证明标准是：犯罪事实清楚，证据确实、充分。

（1）定罪的证明标准

对一切案件的判处都要重证据，重调查研究，不轻信口供。只有被告人供述，没有其他证据的，不能认定被告人有罪和处以刑罚；没有被告人供述，证据确实、充分的，可以认定被告人有罪和处以刑罚。

证据确实、充分，应当符合以下条件：①定罪量刑的事实都有证据证明；②据以定案的证据均经法定程序查证属实；③综合全案证据，对所认定事实已排除合理怀疑。

（2）疑罪从无案件的处理

所谓疑罪，是指有证据说明犯罪嫌疑人、被告人有犯罪嫌疑，但全案证据未能达到确实、充分的要求，不能确定无疑地作出犯罪嫌疑人、被告人犯罪的结论。疑罪从无在我国《刑事诉讼法》关于不起诉和审判程序中俱有所体现。

检察院在审查起诉阶段，经过二次补充侦查，仍然认为证据不足，不符合起诉条件的，应当作出不起诉决定。

法院在一审阶段，合议庭对证据不足，不能认定被告有罪的，应当作出证据不足，指控的犯罪不能成立的无罪判决。

定罪证据不足的案件，应当坚持疑罪从无原则，依法宣告被告人无罪，不得降格作出"留有余地"的判决。

定罪证据确实、充分，但影响量刑的证据存疑的，应当在量刑时作出有利于被告人的处理。

死刑案件，认定对被告人适用死刑的事实证据不足的，不得判处死刑。

牛刀小试

甲（男，28岁）通过网络交友软件认识了乙（女，20岁），双方手机上互留了大量的聊天文字、语音和图片等。某日，甲约乙见面，并将其带入事先开好的宾馆，甲在宾馆对乙欲行强奸，乙强烈反抗，两人发生争吵，并被路过室外走廊的保安敲门劝止。十分钟后，甲对乙再行强奸，为制止乙呼叫，甲用枕头将乙头部死死压住，结果致其死亡。为了制造乙自杀的假象，甲用一把小刀划开乙的左手腕动脉，并将小刀放入乙的右手上，而后匆匆离开宾馆，回到家后，甲将其行为告诉了母亲。案发后，甲被抓捕归案，并如实供述了自己的犯罪事实，同时，侦查机关依法组织对乙死因进行了鉴定，鉴定人员依法出具了鉴定意见。

本案中的证据哪些属于原始证据和传来证据、直接证据和间接证据、实物证据和言词证据？

参考答案

（1）在本案中的证据，除甲母亲的证言属于传来证据外，其他均属于原始证据。（2）属于直接证据的有甲的供述、甲母亲的证言，其他涉案证据均为间接证据。（3）甲和乙网上聊天记录属于电子数据，作案的小刀属于物证，在证据分类上，均属于实物证据。甲的供述、甲母亲的证言、宾馆保安的证言、鉴定意见属于言词证据。

考点05 侦查

考点精讲

1. 讯问犯罪嫌疑人

（1）讯问地点

未羁押的（含监视居住）：①嫌疑人所在市、县内的指定地点。②嫌疑人住处。③犯罪现场。侦查人员现场讯问的，应出示工作证件。在其他场所讯问，应当出示证明文件。

已羁押的：在看守所内进行。

（2）录音录像

应当录音录像情形：①黑社会性质组织犯罪案件。②严重毒品犯罪案件。③致人重伤、死亡的公共安全、人身安全案件。④职务犯罪案件。⑤可能判处死刑、无期徒刑的案件。

要求：对讯问过程录音或者录像的，应当对每一次讯问全程不间断进行，保持完整性。不得选择性地录制，不得剪接、删改。

（3）讯问主体：侦查人员不得少于2人。注意：只有人数要求，无侦查人员固定不变的要求。

（4）讯问方法：①讯问同案的犯罪嫌疑人，应当个别进行。②应当首先讯问犯罪嫌疑人是否有犯罪行为，并告知犯罪嫌疑人如实供述自己罪行可以从轻或者减轻处罚的法律规定，让他陈述有罪的情节或者无罪的辩解，然后向他提出问题。③第一次讯问，应当问明犯罪嫌疑人的姓名、别名、曾用名、出生年月日等情况。

（5）讯问时间：一次传唤讯问时间一般不超过12小时；案情特别重大、复杂，需要采取拘留、逮捕措施的，不超过24小时。两次传唤之间的时间间隔不得少于12小时。

（6）讯问笔录：书面供词不能代替讯问笔录。在审判过程中，讯问笔录记载的内容与讯问录音录像存在实质性差异的，以讯问录音录像为准。

2.询问证人、被害人

（1）询问主体：侦查人员不得少于2人。

（2）询问地点：①可以在现场进行，在现场询问证人，应当出示工作证件。②可以到证人所在单位、住处或证人提出的地点进行，到证人所在单位、住处或证人提出的地点询问证人，应当出示检察院或公安机关的证明文件。③在必要的时候，可以通知证人到检察院或公安机关提供证言。

（3）询问特殊证人、被害人：①询问不满18周岁的证人、被害人，应当通知其法定代理人到场。如果是女性未成年证人、被害人，询问时应当有女工作人员在场。②询问聋、哑人，应当有通晓聋、哑手势的人参加。

（4）询问前告知：询问前，应当了解证人、被害人的身份，证人、犯罪嫌疑人、被害人之间的关系。询问时，应当告知证人、被害人必须如实地提供证据、证言和有意作伪证或者隐匿罪证应负的法律责任。

（5）询问时的禁止性规定：侦查人员不得向证人、被害人泄露案情或者表示对案件的看法。

（6）制作笔录：询问应当制作笔录，由证人签名或者盖章，侦查人员也应当在笔录上签名。

3.勘验、检查

（1）主体：由2名以上的侦查人员进行，必要时，可以指派或者聘请具有专门知识的人参与。

（2）对象：与犯罪有关的尸体、人身、物品、场所。

（3）证明文件：侦查人员必须持有检察院或者公安机关的证明文件（而非工作证件）。

（4）见证人

一般规定：①公安机关对案件现场进行勘查不得少于2人。勘查现场时，应当邀请与案件无关的公民作为见证人。②由于客观原因无法由符合条件人员担任见证人的，应当在笔录材料中注明情况，并对相关活动进行录像。

不得担任见证人的情形：①生理上、精神上有缺陷或者年幼，不具有相应辨别能力或不能正确表达的人。②与案件有利害关系，可能影响案件公正处理的人。③行使勘验、检查、搜查、扣押等刑事诉讼职权的公安、司法机关的工作人员或者其聘用的人员。

（5）侦查实验

批准主体：公安机关负责人、检察长。

参加人员：①有关专业人员；②证人；③犯罪嫌疑人；④被害人。这些人员是"可以"而非"应当"参加。

基本要求：①应当写成笔录，必要时，可以对侦查实验录音、录像。②禁止一切足以A.侮辱人格；B.有伤风化；C.造成危险的行为。

（6）复查复验：检察院审查案件时，对公安机关的勘验、检查，认为需要复验、复查时，可以退回公安机关复验、复查，也可以自己复查、复验，对于退回公安机关的，检察院可以派员参加。

4. 搜查

（1）搜查时间：既可以在勘验、检查时进行，也可以在执行拘留、逮捕时进行，还可以单独进行。

（2）搜查对象：①犯罪嫌疑人；②可能隐藏罪犯或犯罪证据的人；③人身；④被搜查人的住处、物品和其他有关场所。

（3）搜查证件

原则要求：必须出示搜查证。搜查证由公安机关负责人或检察长签发（谁侦查，谁签发）。

例外规定：执行逮捕、拘留时，遇紧急情况，可不用搜查证，搜查后24小时内及时补办。

（4）见证人：搜查时，应当有被搜查人或其家属，邻居或其他见证人在场。

（5）搜查妇女：搜查妇女，应当由女工作人员（而非医师）进行。

（6）制作笔录：搜查应当制作笔录，由侦查人员、被搜查人或其近亲属、邻居或其他见证人签名或盖章，如果被搜查人或其家属拒绝签名盖章的，应当在笔录上注明。

5. 辨认

（1）批准或决定主体：①公安：无公安机关负责人批准的规定。②检察院：对犯罪嫌疑人的辨认，由检察长批准。

（2）辨认主体：①犯罪嫌疑人。②证人。③被害人。

（3）辨认对象：与犯罪有关的①犯罪嫌疑人。②尸体。③文件。④物品。⑤场所。

（4）辨认规则

单独辨认：多个辨认人对同一辨认对象进行辨认时，应当让每位辨认人单独辨认。

限数辨认：①辨认犯罪嫌疑人（公安、检察相同）：人 ≥ 7人，照片 ≥ 10张。

②辨认物品：混杂同类物≥5件，照片≥5张。③辨认尸体、场所：不限数。

（5）辨认笔录：辨认笔录应当附上被辨认对象的照片、录像等资料，由侦查人员、辨认人、见证人签名或盖章。对辨认对象应当拍照，必要时，可以对辨认过程进行录音、录像。

6. 技术侦查

（1）适用时间：立案后。

（2）决定机关：①设区的市公安机关或国家安全机关负责人批准决定。②检察院决定（无层级规定）。

（3）执行机关：设区的市以上公安机关或国家安全机关技术侦查部门。

（4）适用对象：犯罪嫌疑人、被告人以及与犯罪活动直接关联的人员。

（5）技术措施：记录监控、行踪监控、通信监控、场所监控等措施。

（6）适用案件

①公安、国安管辖的案件：黑社会性质的组织犯罪、重大毒品犯罪、危害国家安全犯罪、恐怖活动犯罪或其他严重危害社会的犯罪案件。

②检察院管辖的案件：利用职权实施的严重侵犯公民人身权利的重大犯罪案件。

③被追捕、批捕在逃案件：追捕被通缉或者批准、决定逮捕的在逃的犯罪嫌疑人、被告人，经过批准，可以采取追捕所必需的技术侦查措施。

（7）适用期限：批准决定自签发之日起3个月以内有效，每次不得超过3个月。

牛刀小试

某小学发生一起猥亵儿童案件，三年级女生甲向校长许某报告称被老师杨某猥亵。许某报案后，侦查人员通过询问许某，了解了甲向其陈述的被杨某猥亵的经过。侦查人员持证明文件到案发学校询问了甲，为了安抚甲，侦查人员询问时邀请了甲的班主任老师，在询问甲时，侦查人员了解到另外两名女生乙和丙也可能被杨某猥亵，乙曾和甲谈到被杨某猥亵的经过，甲曾目睹杨某在课间猥亵丙。为了证明甲所言的真实性，侦查人员依法通过侦查实验确定甲能否在其所描述的时间、地点看到杨某猥亵丙。讯问杨某时，杨某否认实施猥亵行为，声称不认识甲和乙两个女生。同时，杨某表示他曾举报许某贪污，许某报案是对他的打击报复。侦查人员搜查杨某在学校内的宿舍时，邀请了许某在场担任见证人。同时，为了确定杨某是否认识甲和乙，侦查人员用10张不同女学生的照片混杂一起，让杨某辨认，辨认过程进行了录音录像。

本案中侦查人员的侦查行为是否合法？

参考答案

1.侦查人员持证明文件到案发学校询问证人、被害人是错误的。理由是：《刑事诉讼法》第124条规定，在现场询问证人，应当出示工作证件。本案中的学校是案发现场，侦查人员应携带工作证件。

2.侦查人员询问甲时没有通知其法定代理人到场是不合法的。理由是：《刑事诉讼法》第281条第1款规定："对于未成年人刑事案件，在讯问和审判的时候，应当通知未成年犯罪嫌疑人、被告人的法定代理人到场。无法通知、法定代理人不能到场或者法定代理人是共犯的，也可以通知未成年犯罪嫌疑人、被告人的其他成年亲属，所在学校、单位、居住地基层组织或者未成年人保护组织的代表到场……"《刑事诉讼法》第281条第5款规定："询问未成年被害人、证人，适用第一款、第二款、第三款的规定。"本案中，老师不是乙的法定代理人，因此通知其到场不合法。

3.侦查机关进行的侦查实验是合法的。理由是：《刑事诉讼法》第135条规定："为了查明案情，在必要的时候，经公安机关负责人批准，可以进行侦查实验。……侦查实验，禁止一切足以造成危险、侮辱人格或者有伤风化的行为。"本题中，虽然案件性质是有伤风化的猥亵行为，但侦查实验的内容却不会涉及猥亵行为本身。所以，侦查人员的行为是合法的。

4.侦查机关邀请校长许某作为见证人不合法。理由是：《刑诉解释》第80条规定："下列人员不得担任见证人……（二）与案件有利害关系，可能影响案件公正处理的人……"本案中，杨某举报许某贪污，许某可能报复，二者存在利害关系。因此，许某作为见证人不合法。

5.让犯罪嫌疑人杨某辨认甲和乙是错误的。理由是：《公安机关办理刑事案件程序规定》第258条规定，为了查明案情，在必要的时候，侦查人员可以让被害人、证人或者犯罪嫌疑人对与犯罪有关的物品、文件、尸体、场所或者犯罪嫌疑人进行辨认。可见，被害人不是辨认的对象，侦查机关组织辨认甲和乙是不合法的。

考点06　第一审程序

考点精讲

1.庭前会议

（1）适用情形：①控辩双方对事实、证据存在较大争议的。②证据材料较多，案情重大复杂的。③社会影响重大的。

（2）针对事项：对管辖、回避、是否公开审理、排除非法证据、新证据材料、重新鉴定或者勘验、收集调取无罪或者罪轻证据、申请相关人员出庭及出庭人员名单、涉案财物权属情况及其处理建议等与审判相关的问题，了解情况，听取意见。

（3）参加主体：①召开庭前会议应当通知公诉人、辩护人到场。②庭前会议准备就非法证据排除了解情况、听取意见，或者准备询问控辩双方对证据材料的意见的，应当通知被告人到场。③有多名被告人的案件，可以根据情况确定参加庭前会议的被告人。

（4）附带民事诉讼：被害人提起附带民事诉讼的，审判人员可以在庭前会议中进行调解。

（5）证据疑问的处理：①庭前会议中，法院认为可能存在以非法方法收集证据情形的，检察院可以对证据收集的合法性进行证明。需要调查核实的，在开庭审理前进行。②经过庭前会议审查的证据，对有异议的证据，在庭审时重点调查；无异议的，庭审时举证、质证可以简化。

2. 法庭审判

（1）开庭

书记员负责的工作：①受审判长委托，查明公诉人、当事人、辩护人、诉讼代理人、证人及其他诉讼参与人是否到庭。②核实旁听人员中是否有证人、鉴定人、有专门知识的人。③请公诉人、辩护人、诉讼代理人及其他诉讼参与人入庭。④宣读法庭规则。⑤请审判长、审判员、人民陪审员入庭。⑥审判人员就座后，向审判长报告开庭前的准备工作已经就绪。

审判长负责的工作：①审判长查明当事人是否到庭，并宣布案由。被害人、诉讼代理人经传唤或通知未到庭，不影响开庭审理的，法院可以开庭审理。辩护人经通知未到庭，被告人同意的，法院可以开庭审理，但被告人属于应当提供法律援助情形的除外。②审判长宣布合议庭组成人员、法官助理、书记员、公诉人的名单，以及辩护人、诉讼代理人、鉴定人、翻译人员等诉讼参与人的名单。

③审判长应当告知当事人及其法定代理人、辩护人、诉讼代理人在法庭审理过程中依法享有下列诉讼权利：A.申请回避的权利；B.可以提出证据，申请通知新的证人到庭、调取新的证据，申请重新鉴定或者勘验；C.被告人可以自行辩护；D.被告人应当在法庭辩论终结后作最后陈述。

（2）法庭调查

①范围：刑事（罪责刑）；民事（赔偿）；证据（三性）。

②顺序：公诉人宣读起诉书→审判长询问被告人对起诉书指控的犯罪事实和罪名有无异议（有附民诉的，接着宣读诉状）→被告人、被害人陈述→讯问、发问被告人、被害人→询问证人、鉴定人→出示物证、宣读未到庭证言、鉴定意见和有关笔录。

③举证顺序：先控方、后辩方；先人证、后物证（先控后辩，先人后物）。

④发问被告人规则：除书记员外，（控、辩、审三方诉讼主体）都可以讯问、发问。除公诉人外，其他诉讼主体向被告人发问需经审判长许可。

★附带民诉当事人及其诉讼代理人只能就附带民事部分的事实发问，不得就刑事部分发问。

⑤合议庭对证据有疑问的，可以宣布休庭，对证据进行调查核实。法院调查核实证据，可以进行勘验、检查、查封、扣押、鉴定和查询、冻结（即没有技术侦查；侦查实验；搜查；辨认）。

（3）法庭辩论

法庭辩论应当在审判长的主持下，按照下列顺序进行：①公诉人发言；②被害人及其诉讼代理人发言；③被告人自行辩护；④辩护人辩护；⑤控辩双方进行辩论。

恢复法庭调查：在法庭辩论过程中，合议庭发现与定罪、量刑有关的新的事实，有必要调查的，审判长可以宣布恢复法庭调查，在对新的事实调查后，继续法庭辩论。

（4）被告人最后陈述

①被告人最后陈述权不可以剥夺，也不得由他人代为行使。未成年被告人最后陈述后，其法定代理人可以进行补充陈述。

②被告人在最后陈述中提出了新的事实、证据，合议庭认为可能影响正确裁判的，应当恢复法庭调查；如果被告人提出新的辩解理由，合议庭认为可能影响正确裁判的，应当恢复法庭辩论。

③如果被告人在最后陈述中多次重复自己的意见，法庭可以制止。

④陈述内容蔑视法庭、公诉人，损害他人及社会公共利益或者与本案无关的，应当制止；在公开审理的案件中，被告人最后陈述的内容涉及国家秘密、个人隐私或者商业秘密的，也应当制止。

（5）评议和宣判

评议一律秘密进行，合议庭进行评议的时候，如果意见分歧，应当按多数人的意见作出决定，但是少数人的意见应当写入笔录。

宣判规则：一律公开进行。除被告外，其他诉讼主体未到庭的，不影响宣判。

送达期间：当庭宣判的，5日内送达判决书。定期宣判的，宣告后立即送达。

判决书送达对象：应当送达①检察院；②当事人；③法定代理人；④辩护人；⑤诉讼代理人。

3. 一审结果

（1）有罪判决：指控的罪名不当的，应当依据法律和审理认定的事实作出有罪判决。

（2）无罪判决：①依法认定无罪的；②证据不足，不能认定被告人有罪的；

③被告人死亡，但有证据证明被告人无罪，经缺席审理确认无罪的。

（3）部分有罪判决：案件部分事实清楚，证据确实、充分的，应当作出有罪判决；对事实不清、证据不足部分，不予认定。

（4）判决不负刑事责任：被告因未达到刑事责任年龄或者是精神病人，在不能辨认或不能控制自己行为的时候造成危害结果，不予刑事处罚。

（5）裁定终止审理：已过追诉时效期限且不是必须追诉的；经特赦令免除刑罚的；属于告诉才处理的案件，并告知被害人有权提起自诉的；被告人死亡的。

4. 一审期限

（1）基本期间：受理后2个月以内宣判，至迟不得超过3个月。

（2）延长期间：①第一次延长（上一级法院批准）：延长3个月，针对《刑事诉讼法》第158条情形、附带民事诉讼、可能判处死刑三种情形。②第二次延长（最高法院批准）：因特殊情况还需要延长的，报请最高法院批准，延长1~3个月。

5. 一审撤诉的处理

（1）撤诉的时间：不论自诉案件，还是公诉案件，撤诉都必须在一审宣判前进行。

（2）撤诉审查：①公诉案件。审查撤诉的理由，作出是否准许的裁定。★补充起诉、变更起诉、撤回起诉、追加起诉应当报经检察长决定，并以书面方式在法院宣告判决前向法院提出。②自诉案件。审查撤诉的自愿性。认为和解、撤回自诉确属自愿的，应当裁定准许；认为系被强迫、威吓等，并非自愿的，不予准许。

（3）公诉案件撤诉后的处理：①决定不起诉：检察院应当在撤回起诉后30日内作出不起诉决定。②重新调查或者侦查：需要重新调查或者侦查的，应当在作出不起诉决定后将案卷材料退回监察机关或者公安机关，建议监察机关或者公安机关重新调查或者侦查，并书面说明理由。

6. 审判阶段的补充侦查

（1）检察院建议：①法庭审理过程中，被告人揭发他人犯罪行为或者提供重要线索，检察院认为需要进行查证的，可以建议补充侦查。②补充侦查以2次为限，法院应当延期审理。每次不得超过1个月。③检察院补充证据后，法院应当通知辩护人、诉讼代理人查阅、摘抄、复制。

（2）法院建议：①法庭审理中，被告人提出新的立功线索的，法院可以建议检察院补充侦查。②合议庭发现被告人可能有自首、立功、坦白等法定量刑情节，而案卷中没有相关证据材料的，应当通知检察院移送。

（3）补充侦查的主体：检察院应当自行收集证据和进行侦查，必要时可以要求监察机关或者公安机关提供协助；也可以书面要求监察机关或者公安机关补充提供证据。

（4）按撤诉处理：补充侦查期限届满后，检察院未将补充的证据材料移送法院的，法院可以根据在案证据作出判决、裁定。

7. 法院对新发现可能影响定罪量刑事实的处理

审判期间，法院发现新的事实，可能影响定罪量刑的，或者需要补查补证的，应当通知检察院，由其决定是否补充、变更、追加起诉或者补充侦查。

检察院不同意或者在指定时间内未回复书面意见的，法院应当就起诉指控的事实，依法作出判决、裁定。

8. 简易程序适用条件

（1）必备条件（同时具备）：①基层法院。②事实清楚，证据确实、充分。③被告人承认自己所犯罪行，对指控的犯罪事实没有异议的。④被告人对适用简易程序没有异议的。

（2）不得适用情形（聋哑盲；精神病；有影响；不齐心；辩无罪；不犯罪）：①被告人是盲、聋、哑人。②被告人是尚未完全丧失辨认或者控制自己行为能力的精神病人。③案件有重大社会影响的。④共同犯罪案件中部分被告人不认罪或者对适用简易程序有异议的。⑤辩护人作无罪辩护的。⑥被告人认罪但经审查认为可能不构成犯罪的。

9.简易程序审判组织与审理期限

期限	适用条件	审判组织
20日	可能判处3年以下有期徒刑的	可以独任
1个半月	可能判处3年以上有期徒刑的	应当合议

10.简易程序中的转换问题

（1）独任庭转为合议庭：独任审判中，发现对被告人可能判处的有期徒刑超过3年的，应当转由合议庭审理。

（2）简易转为普通（不能转简易）：①被告人的行为可能不构成犯罪的。②被告人可能不负刑事责任的。③被告人当庭对起诉指控的犯罪事实予以否认的。④案件事实不清、证据不足的。审理期限应当从作出决定之日起计算。

牛刀小试

甲因故意杀害乙被市检察院起诉至市中级法院，开庭审理前，甲的辩护律师提出申请，要求排除侦查机关非法获得的甲的口供。法院依法召开了庭前会议，并决定排除甲的口供。宣布开庭之后，审判长仅告知甲、甲的辩护人、乙的诉讼代理人享有申请回避权利，在确认无人申请回避后进行了法庭调查。在法庭辩论阶段，甲的辩护律师提出甲存在坦白情节，建议法庭对甲从宽处罚，法庭发现检察院起诉材料中并无甲坦白的证据材料，遂建议检察院补充侦查。法庭再次开庭审理后，作出了判处甲无期徒刑的判决，所依据的证据包括：（1）证人A的证言，证明甲曾扬言杀害曾多次当众羞辱自己的仇人乙；（2）证人B的证言，证明其路过案发院落时，听到院墙里面的甲说，"君子报仇十年不晚"；（3）被害人乙死于因他人掐脖而机械性窒息的法医鉴定；（4）被害人乙脖颈处留有甲指纹的鉴定意见；（5）证人C的证言，证明案发后看见甲怒气冲冲地离开案发现场；（6）证人D，甲的妻子，其证言是："甲案发后回家，心情不好，只说和乙打架了，但没有说掐死乙。"

1.庭前会议中对甲口供的合法性如何审查？

2.审判人员决定排除甲口供的做法是否正确？

3.如果庭审期间，法庭决定对甲口供的合法性进行调查，应当如何进行？

4.宣布开庭后，审判长告知当事人、辩护人、诉讼代理人诉讼权利的做法是否正确？

5.法庭发现卷宗中没有甲坦白的证据材料后，建议检察院补充侦查的做法是否正确？

6.一审宣判后，甲的辩护律师提出一审法院定案证据均为间接证据，缺乏直接证据，以证据不足为由依法提出上诉，请问一审法院能否依据上述6个间接证据作出甲无期徒刑的判决？

参考答案

1.《刑诉解释》第130条规定："开庭审理前，人民法院可以召开庭前会议，就非法证据排除等问题了解情况，听取意见。在庭前会议中，人民检察院可以通过出示有关证据材料等方式，对证据收集的合法性加以说明。必要时，可以通知调查人员、侦查人员或者其他人员参加庭前会议,说明情况。"结合本案,庭前会议中检察院人员应当通过出示讯问甲的笔录、播放讯问甲的同步录音录像等证据材料,证明口供是否合法。

2.庭前会议期间,审判人员决定排除甲口供的做法不合法。理由是:《刑事诉讼法》第187条第2款规定:"在开庭以前,审判人员可以召集公诉人、当事人和辩护人、诉讼代理人,对回避、出庭证人名单、非法证据排除等与审判相关的问题,了解情况,听取意见。"由此可见,庭前会议只是了解情况,听取意见,而不作出任何决定,因此,审判人员在庭前会议上决定排除口供的做法不合法。

3.法庭决定对甲口供收集合法性进行调查的,由公诉人通过宣读调查、侦查讯问笔录、出示提讯登记、体检记录、对讯问合法性的核查材料等证据材料,有针对性地播放讯问录音录像,提请法庭通知有关调查人员、侦查人员或者其他人员出庭说明情况等方式进行调查。理由是:《刑诉解释》第135条规定:"法庭决定对证据收集的合法性进行调查的,由公诉人通过宣读调查、侦查讯问笔录、出示提讯登记、体检记录、对讯问合法性的核查材料等证据材料,有针对性地播放讯问录音录像,提请法庭通知有关调查人员、侦查人员或者其他人员出庭说明情况等方式,证明证据收集的合法性。讯问录音录像涉及国家秘密、商业秘密、个人隐私或者其他不宜公开内容的,法庭可以决定对讯问录音录像不公开播放、质证。公诉人提交的取证过程合法的说明材料,应当经有关调查人员、侦查人员签名,并加盖单位印章。未经签名或者盖章的,不得作为证据使用。上述说明材料不能单独作为证明取证过程合法的根据。"

4.法庭仅告知当事人、辩护人、诉讼代理人享有申请回避权是不正确的。理由是:《刑诉解释》第238条规定:"审判长应当告知当事人及其法定代理人、辩护人、诉讼代理人在法庭审理过程中依法享有下列诉讼权利:(一)可以申请合议庭组成人员、法官助理、书记员、公诉人、鉴定人和翻译人员回避；（二）可以提出证据，申请通知新的证人到庭、调取新的证据，申请重新鉴定或者勘验；（三）被告人可以自行辩护；（四）被告人可以在法庭辩论终结后作最后陈述。"结合本案，审判长还应当告知当事人、辩护人和诉讼代理人其他三项诉讼权利。

5.法庭建议检察院补充侦查的做法是错误的，而是应当通知检察院移送有关坦白的证据材料。理由是：《刑诉解释》第277条第1款规定："审判期间，合议庭发现被告人可能有自首、坦白、立功等法定量刑情节，而人民检察院移送的案卷中没有相关证据材料的，应当通知人民检察院在指定时间内移送。"

6.一审法院可以依据6个间接证据判处甲无期徒刑。理由是：《刑诉解释》第140条规定："没有直接证据，但间接证据同时符合下列条件的，可以认定被告人有罪：（一）证据已经查证属实；（二）证据之间相互印证，不存在无法排除的矛盾和无法解释的疑问；（三）全案证据形成完整的证据链；（四）根据证据认定案件事实足以排除合理怀疑，结论具有唯一性；（五）运用证据进行的推理符合逻辑和经验。"结合本案，虽然没有直接证据，但6个间接证据能够相互印证，并且能够形成证明甲故意杀害乙的完整的证据链。

考点07　第二审程序

考点精讲

1.全面审查原则

（1）针对部分事项上诉、抗诉的：既要审查上诉或者抗诉的部分，又要审查没有上诉或者抗诉的部分。

（2）针对事实或证据或法律上诉、抗诉的：既要审查一审判决认定的事实是否正确，证据是否确实、充分，又要审查一审判决适用法律是否正确。

（3）部分同案犯上诉或被抗诉的：①共同犯罪案件，只有部分被告人提出上诉的，或者检察院只就第一审法院对部分被告人的判决提出抗诉的，第二审法院应当对全案进行审查，一并处理。②上诉的被告人死亡，其他被告人未上诉的，第二审法院仍应对全案进行审查。第二审人民法院应当对死亡的被告人终止审理；但有证据证明被告人无罪，经缺席审理确认无罪的，应当判决宣告被告人无罪。对其他同案被告人仍应作出判决、裁定。

（4）针对实体或程序上诉的：既要审查实体问题，又要审查程序问题。

（5）仅对刑事部分上诉、抗诉的：二审法院发现一审判决或裁定中已生效的民事部分确有错误，应当对民事部分按照审判监督程序予以纠正，刑事部分继续按二审程序审理。

（6）仅对民事部分上诉的：二审法院发现一审判决或者裁定中已生效的刑事部分确有错误，应当对刑事部分按照审判监督程序进行再审，并将附带民事诉讼部分与刑事部分一并审理。★应当送监执行的一审刑事被告人是第二审附带民事诉讼被告人的，在二审附带民事诉讼案件审结前，可以暂缓送监执行。

（7）审查范围的特殊规定：①法庭调查应当重点围绕新的证据以及对一审判决提出异议的事实、证据等进行；对没有异议的事实、证据和情节，可以直接确认。②被告人犯有数罪的案件，对其中事实清楚且无异议的犯罪，可以不在庭审时审理。

2. 上诉不加刑原则

（1）适用情形

①同案审理的案件，只有部分被告人上诉的，既不得加重上诉人的刑罚，也

不得加重其他同案被告人的刑罚。

②原判认定的罪名不当的，可以改变罪名，但不得加重刑罚或者对刑罚执行产生不利影响。

③原判认定的罪数不当的，可以改变罪数，并调整刑罚，但不得加重决定执行的刑罚或者对刑罚执行产生不利影响。

④原判对被告人宣告缓刑的，不得撤销缓刑或者延长缓刑考验期。

⑤原判没有宣告职业禁止、禁止令的，不得增加宣告；原判宣告职业禁止、禁止令的，不得增加内容、延长期限。

⑥原判对被告人判处死刑缓期执行没有限制减刑、决定终身监禁的，不得限制减刑、决定终身监禁。

（2）发回重审中的不加刑

①被告方上诉、检察院未提出抗诉的案件，二审法院发回重审后，除有新的犯罪事实且检察院补充起诉的以外，原审法院也不得加重被告人的刑罚。

②原判判处的刑罚不当、应当适用附加刑而没有适用的，不得直接加重刑罚、适用附加刑。原判判处的刑罚畸轻，必须依法改判的，应当在第二审判决、裁定生效后，依照审判监督程序重新审判。

3.二审审理的方式和地点

（1）应当开庭：①上诉人对一审认定的事实、证据提出异议，可能影响定罪量刑的上诉案件。②被判死刑的上诉案件。被判死刑的被告未上诉，同案其他被告上诉的，也应当开庭。③抗诉案件。

（2）可以不开庭

需要发回重审的案件：①原判事实不清、证据不足的。对于这种情形，原审重审后再次被上诉、抗诉的，二审法院不得再发回重审。②违反法定诉讼程序的。

对于这种情形，原审重审后再次被上诉、抗诉的，二审法院可以再次发回重审。

审理方式：①合议庭全体成员应当阅卷，必要时，应当提交书面阅卷意见。②应当讯问被告人，听取其他当事人、辩护人、诉讼代理人的意见。

4.二审的审理结果

（1）直接改判（判决）

应当改：事实清楚，证据充分，适用法律错误或者是量刑不当的。

可以改：事实不清，证据不足，在查清事实后改判（也可发回重审）。

（2）程序违法（应当裁定撤销原判，发回重审，说明理由、依据）：①剥夺或者限制了当事人的法定诉讼权利，可能影响公正审判的。②违反《刑事诉讼法》有关公开审判的规定的。③违反回避制度的。④审判组织的组成不合法的。⑤发回重审后，原审法院没有另行组成合议庭的。

（3）判决、裁定认定被告人姓名等身份信息有误，但认定事实和适用法律正确、量刑适当的，作出生效判决、裁定的法院可以通过裁定对有关信息予以更正。

牛刀小试

甲因抢劫罪和盗窃罪被县检察院起诉至县法院，被害人同时提起了附带民事诉讼。一审判决甲8年有期徒刑，甲对刑事部分的判决提出上诉，认为一审法院对抢劫罪判处6年较重，对盗窃罪判处2年没有异议，检察院未抗诉。市中级法院审理查明一审法院对附带民事诉讼的判决有错误，同时，甲的辩护律师申请排除两个非法证据：（1）甲的供述，理由是甲供述存在侦查人员取证时刑讯逼供现象，一审期间法院虽经审查，但并未排除；（2）乙的证言，一审期间，甲及其辩护律师均未申请排除该证据。

1.市中级法院发现一审法院对附带民事诉讼的判决有错误，应如何处理？

2. 由于甲上诉时仅对抢劫罪的量刑存在异议，对盗窃罪的量刑没有异议，二审法院能否仅审理抢劫罪？

3. 对于甲辩护律师排除非法证据的申请，二审法院如何处理？

4. 如果二审法院排除了甲的口供和乙的证言，对案件应当如何处理？

5. 如果二审法院认为，案件事实清楚、证据确实充分，对甲应当判处罚金，应如何处理？

参考答案

1. 市中级法院应当对附带民事诉讼的判决依照审判监督程序进行纠正。理由是：《刑诉解释》第407条规定："第二审人民法院审理对刑事部分提出上诉、抗诉，附带民事部分已经发生法律效力的案件，发现第一审判决、裁定中的附带民事部分确有错误的，应当依照审判监督程序对附带民事部分予以纠正。"

2. 市中级法院可以只对抢劫罪进行审理，对于一审关于盗窃罪的事实、证据和情节可以直接确认。理由是：《刑诉解释》第399条第1款第2项规定，法庭调查应当重点围绕对第一审判决提出异议的事实、证据以及新的证据等进行；对没有异议的事实、证据和情节，可以直接确认。

3. 市中级法院对于甲的口供是否合法应当进行审查；对于乙的证言，只有甲辩护律师说明理由的，才应当进行审查。理由是：两高三部《关于办理刑事案件严格排除非法证据若干问题的规定》第38条第1、2款规定："人民检察院、被告人及其法定代理人提出抗诉、上诉，对第一审人民法院有关证据收集合法性的审查、调查结论提出异议的，第二审人民法院应当审查。被告人及其辩护人在第一审程序中未申请排除非法证据，在第二审程序中提出申请的，应当说明理由。第二审人民法院应当审查。"

4. 如果排除非法证据后，原审认定事实和适用法律正确、量刑适当的，应当裁定维持原判；如果认定事实正确，适用法律错误或者量刑不当的，应当改判；如果事实不清、证据不足的，可以裁定撤销原判发回重审。理由是：两高三部《关于办理刑事案件严格排除非法证据若干问题的规定》第40条第2款规定："第一审人民法院对依法应当排除的非法证据未予排除的，第二审人民法院可以依法排除非法证据。排除非法证据后，原判决认定事实和适用法律正确、量刑适当的，应当裁定驳回上诉或者抗诉，维持原判；原判决认定事实没有错误，但适用法律有错误，或者量刑不当的，应当改判；原判决事实不清楚或者证据不足的，可以裁定撤销原判，发回原审人民法院重新审判。"

5. 市中级法院既不得直接判处甲的罚金，也不得通过发回重审判处甲罚金，认为应当判处罚金的，应通过审判监督程序改判。理由是：《刑诉解释》第401条第1款第7项规定："原判判处的刑罚不当、应当适用附加刑而没有适用的，不得直接加重刑罚、适用附加刑。原判判处的刑罚畸轻，必须依法改判的，应当在第二审判决、裁定生效后，依照审判监督程序重新审判。"

考点08　死刑复核程序

考点精讲

1. 高级法院对未上诉、抗诉死刑案件的复核（以不存在二审为前提）

（1）同意判死：作出裁定后10日以内报最高法院核准。

（2）不同意判死：应当依照第二审程序提审或者发回重新审判。

2. 最高法院对死刑案件复核后的处理

（1）裁定核准：原判认定事实和适用法律正确、量刑适当、诉讼程序合法的，应当裁定核准。

（2）判决、裁定核准：原判认定的某一具体事实或者引用的法律条款等存在瑕疵，但判处被告人死刑并无不当的，可以在纠正后作出核准的判决、裁定。

除上述情形核准死刑外，其他任何情形，一律裁定撤销原判，发回重审。

3.最高法院发回重审的程序

（1）重审法院

最高法院裁定不予核准死刑的，可以发回第二审法院或者第一审法院重新审判。

（2）应当开庭

①一审法院重新审判的，应当开庭审理。

②二审法院重新审判的，可以直接改判，不需要开庭审理；必须通过开庭查清事实、核实证据或者纠正原审程序违法的，应当开庭审理。

（3）合议庭：发回重审的案件，应另行组成合议庭，但以下两种情形除外：①复核期间出现新的影响定罪量刑的事实、证据的；②原判认定事实清楚、证据确实充分，但依法不应当判处死刑的。

（4）发回第二审法院重审的特殊规定

①发回第二审法院重新审判的案件，无论此前第二审法院是否曾以原判决事实不清楚或者证据不足为由发回重新审判，原则上不得再发回第一审法院重新审判；有特殊情况确需发回第一审法院重新审判的，需报请最高法院批准。

②对于最高法院裁定不予核准死刑，发回第二审法院重新审判的案件，第二审法院根据案件特殊情况，又发回第一审法院重新审判的，第一审法院作出判决后，被告人提出上诉或者检察院提出抗诉的，第二审法院应当依法作出判决或者裁定，不得再发回重新审判。

4.高级法院对死缓的复核程序（以不存在二审为前提）

（1）基本原则：死缓复核不加刑。

（2）复核结果

①原判认定事实和适用法律正确、量刑适当、诉讼程序合法的，应当裁定核准。

②原判认定的某一具体事实或者引用的法律条款等存在瑕疵，但判处被告人死刑并无不当的，可以在纠正后作出核准的判决、裁定。

③原判事实不清、证据不足的，应当裁定不予核准，并撤销原判，发回重新审判。

④复核期间出现新的影响定罪量刑的事实、证据的，应当裁定不予核准，并撤销原判，发回重新审判。

⑤原判认定事实正确、证据充分，但依法不应当判处死刑的，应当裁定不予核准，并撤销原判，发回重新审判；根据案件情况，必要时，也可以依法改判。

⑥原审违反法定诉讼程序，可能影响公正审判的，应当裁定不予核准，并撤销原判，发回重新审判。

牛刀小试

甲与乙涉嫌贩卖冰毒500余克，B省A市中级法院开庭审理后，以甲犯贩卖毒品罪，判处死刑立即执行，乙犯贩卖毒品罪，判处死刑缓期二年执行。一审宣判后，乙以量刑过重为由向B省高级法院提起上诉，甲未上诉，检察院也未提起抗诉。

如B省高级法院审理后认为，本案事实清楚，证据确实、充分，对甲的量刑适当，但对乙应判处死刑缓期二年执行同时限制减刑，则法院、检察院的下列做法是否合法：（1）二审法院开庭审理案件；（2）检察院没有派员出席法庭；（3）高级法院将全案发回A市中级法院重新审判；（4）高级法院裁定维持对甲的判决，并改判乙死刑缓期二年执行同时限制减刑。

参考答案

只有做法（1）是合法的，做法（2）（3）（4）均不合法。理由是：

1.根据《刑事诉讼法》第234条第1款的规定："第二审人民法院对于下列案件，应当组成合议庭，开庭审理：……（二）被告人被判处死刑的上诉案件……"这是一起判处死刑的案件，不管同案犯谁上诉，均应开庭审理，因此，做法（1）是正确的。

2.根据《刑事诉讼法》第235条的规定："人民检察院提出抗诉的案件或者第二审人民法院开庭审理的公诉案件，同级人民检察院都应当派员出席法庭……"可见，做法（2）是错误的。

3.根据《关于死刑缓期执行限制减刑案件审理程序若干问题的规定》第4条："高级人民法院审理判处死刑缓期执行没有限制减刑的上诉案件，认为原判事实清楚、证据充分，但应当限制减刑的，不得直接改判，也不得发回重新审判……"因此，做法（3）是错误的。

4.根据《刑事诉讼法》第237条的规定："第二审人民法院审理被告人或者他的法定代理人、辩护人、近亲属上诉的案件，不得加重被告人的刑罚……"B省高级法院认为对乙应判处死刑缓期二年执行同时限制减刑，事实上加重了乙的刑罚，因此，做法（4）是错误的。

考点09　审判监督程序

考点精讲

1.审判监督程序中的申诉

（1）申诉主体：①当事人及其法定代理人、近亲属；②案外人；③律师（代为进行）。

（2）申诉时间：不超过2年的，刑罚执行完毕后2年内。超过2年的，①属于重大、复杂、疑难案件的；②在期限内向法院申诉，法院未受理的；③可能对原审被告人宣告无罪的。

2. 对申诉的审查处理程序

（1）向法院申诉的审查处理程序

①一般案件审查法院：申诉由终审法院审查处理。但是，二审法院裁定准许撤回上诉的案件，申诉人对一审判决提出申诉的，可以由一审法院审查处理。

②死刑案件审查法院：对死刑案件的申诉，可以由原核准法院直接审查处理，也可以交由原审法院审查。原审法院审查后应提出报告和处理意见，层报原核准的法院审查处理。

③审查后的处理：申诉不具有法定重新审判情形的，应当说服申诉人撤回申诉；对仍然坚持申诉的，应当书面通知驳回。

④申诉被驳回的救济：对驳回申诉不服的，可以向上一级法院申诉。上一级法院经审查认为申诉不符合重新审判条件的，应当说服申诉人撤回申诉；对仍然坚持申诉的，应当驳回或者通知不予重新审判。

⑤对附带民事诉讼申诉的处理：仅就附带民事诉讼申诉的，一般不予再审立案。但有证据证明民事部分明显失当并且原审被告人有赔偿能力的除外。

（2）向检察院申诉的审查处理程序

①审查主体：由作出生效判决、裁定的法院的同级检察院依法办理。直接向上级检察院申诉的，上级可以交由作出生效判决、裁定的法院的同级检察院受理；案情重大、疑难、复杂的，上级检察院可以直接受理。

②申诉人救济：对不服法院已经发生法律效力的判决、裁定的申诉，经两级

检察院办理且省级检察院已经复查的，如果没有新的证据，检察院不再复查，但原审被告人可能被宣告无罪或者判决、裁定有其他重大错误可能的除外。

③决定抗诉的程序：A.检察院对已经发生法律效力的判决、裁定的申诉复查后，认为需要提请或者提出抗诉的，报请检察长决定。B.地方各级检察院对不服同级法院已经发生法律效力的判决、裁定的申诉复查后，认为需要提出抗诉的，应当提请上一级检察院抗诉。C.上级检察院对下一级检察院提请抗诉的申诉案件进行审查后，认为需要提出抗诉的，应当向同级法院提出抗诉。

3.提起审判监督程序的主体

启动主体	方式
作出生效裁判的法院院长和审判委员会	院长应当提交审判委员会讨论决定再审
最高法院和其他上级法院	指令下级法院再审或者提审
最高检察院和其他上级检察院	最高检察院对各级法院，上级检察院对下级法院提出再审抗诉（除最高检察院外，只能上抗下）

牛刀小试

甲、乙、丙共同伤害丁致其死亡，甲被认定为主犯，被S省A市中级法院判处死刑缓期二年执行，一审宣判后，甲未上诉，检察院未抗诉，判决生效后，甲被送往本省B市所在地的监狱服刑。服刑期间，甲的妻子坚称甲并未实际参与犯罪行为，而是出于义气将主要责任揽到自己头上，并向法院提出申诉，法院依法启动再审程序，再审期间，被害人丁的妻子就附带民事判决提出申诉，认为原审法院判决赔偿损失数额比当初起诉时的诉讼请求少了10%。

1.甲的妻子是否有权向法院申诉？如果有权申诉，其申诉由哪个法院审查处理？

2.如果法院决定再审，由哪个法院进行审理？

3. 法院再审时，是否应当通知乙、丙到庭？
4. 法院再审后，能否加重甲、乙、丙的刑罚？
5. 如果再审期间，甲意外死亡并有证据证明其行为不构成犯罪，法院应当如何处理？
6. 法院对丁的妻子的申诉，如何处理？

参考答案

1.（1）甲的妻子有权向法院申诉。理由是：《刑诉解释》第451条第1款规定："当事人及其法定代理人、近亲属对已经发生法律效力的判决、裁定提出申诉的，人民法院应当审查处理。"（2）甲的妻子的申诉可以由S省高级法院审查处理，S省高级法院也可以将申诉交由A市中级法院审查，并提出处理意见报S省高级法院审查处理。理由是：《刑诉解释》第455条规定："对死刑案件的申诉，可以由原核准的人民法院直接审查处理，也可以交由原审人民法院审查。原审人民法院应当制作审查报告，提出处理意见，层报原核准的人民法院审查处理。"

2. 本案的终审法院是A市中级法院，可以由A市中级法院决定再审。理由是：《刑诉解释》第460条规定："各级人民法院院长发现本院已经发生法律效力的判决、裁定确有错误的，应当提交审判委员会讨论决定是否再审。"如果是最高法院决定再审的，既可以由最高法院再审，也可以指令A市或者A市以外的其他下级法院审理，理由是：《刑诉解释》第461条规定："上级人民法院发现下级人民法院已经发生法律效力的判决、裁定确有错误的，可以指令下级人民法院再审；原判决、裁定认定事实正确但适用法律错误，或者案件疑难、复杂、重大，或者有不宜由原审人民法院审理情形的，也可以提审。上级人民法院指令下级人民法院再审的，一般应当指令原审人民法院以外的下级人民法院审理；由原审人民法院审理更有利于查明案件事实、纠正裁判错误的，可以指令原审人民法院审理。"

3.法院再审时，如果乙、丙不出庭不影响审理的，可以不通知乙、丙到庭。理由是：《刑诉解释》第468条规定："开庭审理再审案件，再审决定书或者抗诉书只针对部分原审被告人，其他同案原审被告人不出庭不影响审理的，可以不出庭参加诉讼。"

4.法院不能加重甲、乙、丙的刑罚。理由是：《刑诉解释》第469条规定："除人民检察院抗诉的以外，再审一般不得加重原审被告人的刑罚。再审决定书或者抗诉书只针对部分原审被告人的，不得加重其他同案原审被告人的刑罚。"

5.法院应当按照缺席审判程序审理案件，并依法宣告甲无罪。理由是：《刑事诉讼法》第297条第1款规定："被告人死亡的，人民法院应当裁定终止审理，但有证据证明被告人无罪，人民法院经缺席审理确认无罪的，应当依法作出判决。"

6.法院对丁的妻子的申诉，一般不予再审立案。理由是：按照《关于规范人民法院再审立案的若干意见（试行）》第11条的规定："人民法院对刑事附带民事案件中仅就民事部分提出申诉的，一般不予再审立案。但有证据证明民事部分明显失当且原审被告人有赔偿能力的除外。"结合本案，法院判决赔偿数额比诉讼请求少10%并非明显失当，所以，法院对丁妻子的申诉一般不予再审立案。

考点10 特别程序

考点精讲

1.未成年人刑事案件诉讼程序的原则

（1）保障未成年犯罪嫌疑人、被告人诉讼权利原则

①对于未成年人刑事案件，在讯问和审判的时候，应当通知未成年犯罪嫌疑

人、被告人的法定代理人到场。

②到场的法定代理人或者其他人员认为办案人员在讯问、审判中侵犯未成年人合法权益的，可以提出意见。

③询问未成年被害人、证人，应当通知其法定代理人到场。

④讯问女性未成年犯罪嫌疑人，询问未成年女性被害人、证人，应当有女工作人员在场。

⑤没有委托辩护人的，公安、司法机关应当通知法律援助机构指派律师为其提供辩护。

⑥开庭前和休庭时，法庭根据情况，可以安排未成年被告人与其法定代理人或者其他合适成年亲属、代表会见。

⑦未成年被告人最后陈述后，法庭应当询问其法定代理人是否补充陈述。

⑧强制措施与戒具的使用：A.公安：对未成年犯罪嫌疑人应当严格限制适用逮捕措施。B.检察院：讯问未成年犯罪嫌疑人一般不得使用戒具。对于确有人身危险性必须使用戒具的，在现实危险消除后应当立即停止使用。C.法院：在法庭上不得对未成年被告人使用戒具，但被告人人身危险性大，可能妨碍庭审活动的除外。必须使用戒具的，在现实危险消除后，应当立即停止使用。

（2）分案处理原则

①一般规定：在处理未成年人与成年人共同犯罪或有牵连案件时，尽量适用不同的诉讼程序，在不妨碍审理的前提下，坚持分案处理，包括分案侦查、分案起诉和分案审理。

②互相了解量刑平衡：未成年人与成年人共同犯罪案件，由不同法院或不同审判组织分别审理的，有关法院或者审判组织应当互相了解共同犯罪被告人的审判情况，注意全案的量刑平衡。

（3）不公开审理原则与保密原则

①审判时被告人不满18周岁的案件，不公开审理。但是，经未成年被告人及其法定代理人同意，未成年人所在学校和未成年保护组织可以派代表到场。

②对依法公开审理（犯罪时不满18周岁，审判时已满18周岁），但可能需要封存犯罪记录的案件，不得组织人员旁听；有旁听人员的，应当告知其不得传播案件信息。

③办理未成年人刑事案件时，应当对涉案未成年人的资料予以保密，不得向外界泄露，涉案未成年人既包括犯罪嫌疑人、被告人，也包括被害人、证人。

④不公开审理的案件宣判应当一律公开，但不得采取召集大会的形式。依法应当封存犯罪记录的案件，宣判时，不得组织人员旁听。

（4）全面调查原则

调查主体：公安机关、检察院、法院。

调查报告效力：①可以作为审查批捕、审查起诉的依据。②对未成年被告人情况的调查报告，以及辩护人提交的有关未成年被告人情况的书面材料，法庭应当审查并听取控辩双方意见。上述报告和材料可以作为法庭教育和量刑的参考。

2. 缺席审判程序

（1）应当缺席审判：①贪污贿赂案件，犯罪嫌疑人、被告人在境外的。②需要及时进行审判，经过最高检察院核准的严重危害国家安全犯罪和恐怖活动犯罪的案件，犯罪嫌疑人、被告人在境外的。③被告人死亡的，法院应当裁定终止审理，但有证据证明被告人无罪的。

（2）可以缺席审判：①因被告人患有严重疾病无法出庭，中止审理超过6个月，被告人仍无法出庭，被告人及其法定代理人、近亲属申请或者同意恢复审理的。②法院按照审判监督程序重新审判的案件，被告人已经死亡的。

（3）审判管辖：对于上述"应当缺席审判"的①②两种情形，由犯罪地、被告人离境前居住地或者最高法院指定的中级法院组成合议庭进行审理。

（4）审理方式：对于上述"应当缺席审判"的①②两种情形，起诉书中有明确的指控犯罪事实，符合缺席审判程序适用条件的，应当决定开庭审判。

（5）被告人权利保障

送达：法院通过司法协助或者被告人所在地法律允许的其他方式，将传票和检察院的起诉书副本送达被告人。

辩护：被告人及其近亲属没有委托辩护人的，法院应当通知法律援助机构指派律师为其提供辩护。

救济途径：①上诉。被告人或者其近亲属不服判决的，有权向上一级法院上诉。辩护人经被告人或者其近亲属同意，可以提出上诉。②抗诉。检察院认为判决错误的，应当向上一级法院抗诉。

执行：①罪犯在判决、裁定发生法律效力后到案的，法院应当将罪犯交付执行刑罚。②交付执行刑罚前，法院应当告知罪犯有权对判决、裁定提出异议。③罪犯对判决、裁定提出异议的，法院应当重新审理。

（6）缺席审判变更为非缺席审判：在审理过程中，被告人自动投案或者被抓获的，法院应当重新审理。

3.犯罪嫌疑人、被告人逃匿、死亡案件违法所得的没收程序

该程序必须适用于贪污贿赂犯罪、恐怖活动犯罪等重大犯罪案件，犯罪嫌疑人、被告人逃匿，在通缉1年后不能到案。犯罪嫌疑人、被告人死亡。犯罪嫌疑人死亡，现有证据证明其存在违法所得及其他涉案财产应当予以没收的，公安机关可以进行调查。公安机关进行调查，可以依法进行查封、扣押、查询、冻结。违法所得及涉案财产应予追缴。

4.依法不负刑事责任的精神病人的强制医疗程序

强制医疗适用条件：（1）实施了危害公共安全或者严重危害公民人身安全的暴力行为。（2）经法定程序鉴定属于依法不负刑事责任的精神病人。（3）有继续危害社会的可能。

🐂 牛刀小试

未成年人甲涉嫌寻衅滋事，被移送审查起诉当天甲年满18周岁，1个月后检察院决定对甲适用附条件不起诉并监督考察6个月。在监督考察期间，甲因实施新的犯罪被撤销附条件不起诉的决定并被提起公诉。在征得甲的父母的同意后，少年法庭决定适用简易程序不公开审理案件，判决甲2年有期徒刑，并公开进行了宣判。

1.检察院对甲作出附条件不起诉是否合法？
2.法院对案件的处理是否存在不合法的地方？

参考答案

1.检察院对甲决定附条件不起诉合法。理由是：《人民检察院办理未成年人刑事案件的规定》第29条规定："对于犯罪时已满十四周岁不满十八周岁的未成年人，同时符合下列条件的，人民检察院可以作出附条件不起诉决定……"可见，检察院能否适用附条件不起诉的时间起算点不是决定适用时，而是犯罪时不满18周岁。

2.法院的审判活动有2处不合法。（1）法院征得甲父母同意后决定适用简易程序不合法。理由是：按照《刑诉解释》第566条的规定："对未成年人刑事案件，人民法院决定适用简易程序审理的，应当征求未成年被告人及其法定代理人、辩护人的意见……"由于本案开庭审理时，甲已经年满18周岁，不再是未成年人了，也就不存在法定代理人一说。因此，法院征得甲父母同意的做法不合法。（2）法院不公开审理案件不合法。理由是：根据《刑事诉讼法》第285条的规定："审判的时候被告人不满十八周岁的案件，不公开审理……"可见，审判不公开的年龄起算点不是犯罪时的年龄，而是审判时的年龄，因此，法院不公开审理的做法不合法。

民法

考点01 民事法律行为

考点精讲

1. 意思表示瑕疵

（1）真意保留，是指行为人故意隐瞒其真意，而表示其他意思的意思表示。通说认为基于真意保留所谓的法律行为，效力不受影响；但如果相对人知晓真意保留时，法律行为不发生效力。

（2）戏谑行为，又称缺乏真意的表示行为，指行为人作出的意思表示并非出于真意，并且期待对方立即了解其表示并非出自真意。

（3）虚伪表示，又称伪装表示，指行为人与相对人共谋为虚假的意思表示，实际上并不期待法律行为产生效力。

2. 特殊情况下的有效民事法律行为

（1）无权处分订立的买卖合同，有效。

（2）一物多卖、一房数租的合同，每一份合同都是有效的，无论后来者知情与否。

（3）侵害优先购买权人（房屋承租人、按份共有人）的优先购买权的买卖合同，有效。

（4）法人超出经营范围的合同，只要不违反国家限制经营、特许经营以及法律、行政法规禁止经营的，有效。

牛刀小试

甲与乙教育培训机构就课外辅导达成协议，约定甲交费5万元，乙保证甲在接受乙的辅导后，高考分数能达到二本线。若未达到该目标，全额退费。结果甲高考成绩仅达去年二本线，与今年高考二本线尚差20分。

乙的承诺效力如何？

参考答案

虽违背教育规律但属有效。根据双方达成的协议，乙保证甲在接受辅导后，能在高考中达到二本线是合同订立的根本目的。乙作为专业培训机构，应当预见到作出这种保证是违背教育规律且具有一定风险的，应推定乙愿意承担这种风险带来的损失。

考点02　物权变动

考点精讲

1.登记对抗主义模式

登记对抗主义，指不动产物权的变动，依当事人间的合意即产生法律效力。但是，非经登记，不能对抗第三人。由于合同生效是基于当事人的意思表示，所以这一模式又被称为意思主义。我国有以下三项权利的设立采意思主义。

（1）土地承包经营权：从承包合同生效时取得，无须登记。但是在流转的场合下（互换、转让），从相应的流转合同生效时发生效力，未登记不发生对抗善意第三人的效力。

有效的土地承包经营合同＝土地承包经营权（＋登记＞第三人）

（2）地役权：地役权自地役权合同生效时设立。未经登记，不得对抗善意第三人。

有效的地役权合同＝地役权（＋登记＞第三人）

（3）动产抵押：从抵押合同生效时发生效力，但是未登记不得对抗善意第三人。

有效的动产抵押合同＝动产抵押权（＋登记＞第三人）

2. 预告登记（阻止物权发生，不阻止债权）

预告登记，指在当事人所期待的不动产物权变动所需要的条件缺乏或者尚未成就时，即权利取得人只对未来取得物权享有请求权时，法律为保护这一债权请求权而进行的登记。

办理了预告登记后，未经预告登记权利人的同意，处分该不动产的，不发生物权效力（但不影响合同的效力）。

预告登记在下列两种情形下自动失效，即使没有涂销预告登记，预告登记亦不再具有前述效力：

（1）预告登记的买卖不动产物权的协议被认定无效、被撤销，或者预告登记的权利人放弃债权的，应当认定为《民法典》第221条第2款所称的"债权消灭"。

（2）自能够进行不动产登记之日起90日内未申请本登记。

3. 普通动产多重买卖所有权移转规则

出卖人就同一普通动产订立多重买卖合同，在买卖合同均有效的情况下，买受人均要求实际履行合同的，应当按照以下情形分别处理：

（1）先行受领交付的买受人请求确认所有权已经转移的，法院应予支持。

（2）均未受领交付，先行支付价款（不看价款多少，只看价款先后）的买受人请求出卖人履行交付标的物等合同义务的，法院应予支持。

（3）均未受领交付，也未支付价款，依法成立在先合同的买受人请求出卖人履行交付标的物等合同义务的，法院应予支持。

4. 特殊动产多重买卖所有权移转规则

出卖人就同一船舶、航空器、机动车等特殊动产订立多重买卖合同，在买卖合同均有效的情况下，买受人均要求实际履行合同的，应当按照以下情形分别处理：

（1）先行受领交付的买受人请求出卖人履行办理所有权转移登记手续等合同义务的，法院应予支持。

（2）均未受领交付，先行办理所有权转移登记手续的买受人请求出卖人履行交付标的物等合同义务的，法院应予支持。

（3）均未受领交付，也未办理所有权转移登记手续，依法成立在先合同的买受人请求出卖人履行交付标的物和办理所有权转移登记手续等合同义务的，法院应予支持。

（4）出卖人将标的物交付给买受人之一，又为其他买受人办理所有权转移登记，已受领交付的买受人请求将标的物所有权登记在自己名下的，法院应予支持。

牛刀小试

吴某和李某共有一套房屋，所有权登记在吴某名下。2010年2月1日，法院判决吴某和李某离婚，并且判决房屋归李某所有，但是并未办理房屋所有权变更登记。3月1日,李某将该房屋出卖给张某,张某基于对判决书的信赖支付了50万元价款,并入住了该房屋。4月1日,吴某又就该房屋和王某签订了买卖合同,王某在查阅了房屋登记簿确认房屋仍归吴某所有后,支付了50万元价款,并于5月10日办理了所有权变更登记手续。

2月1日至5月10日与5月10日后,房屋的所有权人分别是谁?

参考答案

2月1日至5月10日,李某是房屋所有权人。5月10日后,王某是房屋所有权人。根据《民法典》第232条的规定,处分依照本节规定享有的不动产物权,依照法律规定需要办理登记的,未经登记,不发生物权效力。本案中,李某虽于2月1日即依照生效的判决取得了房屋的所有权,但没有登记到自己的名下,也未给张某办理房屋所有权变更登记手续,故其于3月1日将该房屋出卖给张某时,不发生物权变动的效力,张某不能取得房屋的所有权,此时房屋的所有权仍归李某所有。

根据《民法典》第311条第1款的规定,无处分权人将不动产或者动产转让给受让人的,所有权人有权追回;除法律另有规定外,符合下列情形的,受让人取得该不动产或者动产的所有权:(1)受让人受让该不动产或者动产时是善意;(2)以合理的价格转让;(3)转让的不动产或者动产依照法律规定应当登记的已经登记,不需要登记的已经交付给受让人。本案中,4月1日吴某将属于李某所有但登记在自己名下的房屋出卖给不知情的王某,属于无权处分,王某在查阅了房屋登记簿确认房屋仍归吴某所有后,支付了50万元价款,并于5月10日办理了所有权变更登记手续。王某符合善意取得房屋所有权的构成要件,自5月10日善意取得该房屋的所有权。因此,5月10日后李某不再是房屋的所有权人。

考点03　担保物权

> **考点精讲**

1.流质（押）契约之禁止（因违反公平原则）

根据《民法典》第401条和第428条，流质（押）契约，指在意定担保物权合同中，双方约定，若债务人到期不履行债务，担保物的所有权直接移转为债权人所有。

特征：（1）约定的时间点是"履行期届满之前"。（2）约定的内容是债务人到期不履行债务时，债权人"即时"取得担保物的所有权。

流质（押）条款取消了在实现担保物权时担保物的市场定价机会，在多数场合下对质押人不利，基于此，流质（押）条款无效。但是流质（押）条款的无效不影响合同其他条款的效力。因此，流质（押）条款无效则视为合同中无此条款，抵押权仍可以折价、变卖、拍卖的方式实现。

2.混合担保（既有物保又有人保）

（1）债务人提供的物保与第三人提供的人保并存：先执行物保，再执行人保。

（2）第三人提供的物保与第三人提供的人保并存：执行顺序无先后之分，追偿的部分也无先后之分。

（3）三个或三个以上担保人追偿原则：人找人，物找物（两个第三人可以相互追偿）。

（4）在混合担保中，担保物毁损、灭失的：①债权人有过错的，保证人在过错的范围内免责。②债权人无过错的，保证人承担全部的保证责任。

3.抵押人的权利

（1）占有、使用、收益权：由于抵押权的设定并不移转抵押物的占有，所以抵押人仍然享有占有、使用、收益的权利。

（2）处分权

抵押期间，抵押人经抵押权人同意转让抵押财产的，应当将转让所得的价款向抵押权人提前清偿债务或者提存。转让的价款超过债权数额的部分归抵押人所有，不足部分由债务人清偿。

抵押期间，抵押人未经抵押权人同意，不得转让抵押财产，但受让人代为清偿债务消灭抵押权（涤除权）的除外。

4.抵押权人的权利

（1）抵押物的保全

抵押人的行为足以使抵押财产价值减少的，抵押权人有权要求抵押人停止其行为。

抵押财产价值减少的，抵押权人有权要求恢复抵押财产的价值，或者提供与减少的价值相应的担保。

抵押人不恢复抵押财产的价值也不提供担保的，抵押权人有权要求债务人提前清偿债务。

（2）优先受偿权：在债务人不履行债务时，抵押权人可以与抵押人协议以抵押物折价或者以拍卖、变卖后的价款受偿；协议不成的，抵押权人可以向法院提起诉讼。

（3）孳息收取权：债务人不履行到期债务或者发生当事人约定的实现抵押权的情形，致使抵押财产被人民法院依法扣押的，自扣押之日起，抵押权人有权收取该抵押财产的天然孳息或者法定孳息，但是抵押权人未通知应当清偿法定孳息的义务人的除外。孳息应当先充抵收取孳息的费用。

5.抵押权实现与买卖不破租赁

（1）先租后抵

订立抵押合同前抵押财产已出租的，原租赁关系不受该抵押权的影响，即抵押权人拍卖、变卖抵押财产后，仍适用买卖不破租赁规则，新的所有权人应法定承受原租赁合同。

（2）先抵后租

若抵押权已经登记，则不再适用买卖不破租赁规则。若抵押权未登记（当然仅限于动产），仍适用买卖不破租赁规则。

6.共同抵押中追偿权的行使

（1）按份共同抵押：抵押人承担了担保责任后只能向债务人追偿，不能向其他按份共同抵押人追偿。

（2）连带共同抵押：抵押人承担担保责任以后，可以向债务人全额追偿，亦可以直接按照内部的份额比例向其他连带共同抵押人追偿。

（3）混合担保：在混合担保中，承担了担保责任的第三人，其追偿权行使无顺序限制，可以向债务人全额追偿，亦可以直接按照内部的份额比例向其他担保人追偿。

（4）连带共同抵押：在连带共同抵押中，承担了担保责任的第三人，其追偿权亦无顺序限制。

（5）连带共同保证（实现保证无顺序要求，但追偿有顺序要求，应先向债务人追偿）：在连带共同保证中，承担了担保责任的保证人，其追偿权有顺序限制，应先向债务人全额追偿，向债务人不能追偿的部分，再按照内部的份额比例向其他连带共同保证人追偿。

7.质权

质权,是指为担保债权的履行,债务人或者第三人将其动产或者权利移转债权人占有,以成立的担保物权。

特点:(1)质权的客体包括动产和权利,不动产不能设定质权。(2)质权的设定通常以合同进行,当事人是质权人与出质人。(3)出质人交付质物时,质押权成立即生效,债权人始对质物享有优先受偿的权利,即动产质权的生效采交付主义要件。以汇票、支票、本票、公司债券设立权利质权的,自交付权利凭证时设立。但是,若未在权利凭证背书"质押"字样,已经成立的权利质权不得对抗善意第三人。需要指出的是,以占有改定的方式完成交付的,不发生质权设立的效果。

质权人的权利:(1)占有权。因质权是移转占有的权利,不同于抵押权。因此,质权人享有占有的权利,包括直接占有与间接占有。(2)孳息收取权。含义有四:①质押合同若无相反约定,质权人有权收取质物孳息。②该孳息的所有权仍归属于出质人,质权人仅享有收取权。③质权人收取孳息的目的在于控制孳息,以方便对债务人主张债权。④该孳息应首先抵充收取孳息的费用,剩下的用于质权的实现,仍有剩余的则返还出质人。(3)保全质权。因不能归责于质权人的事由可能使质押财产毁损或者价值明显减少,足以危害质权人权利的,质权人有权要求出质人提供相应的担保;出质人不提供的,质权人可以拍卖、变卖质押财产,并与出质人通过协议将拍卖、变卖所得的价款提前清偿债务或者提存。(4)优先受偿权。债务人不履行到期债务或者发生当事人约定的实现质权的情形,质权人可以与出质人协议以质押财产折价,也可以就拍卖、变卖质押财产所得的价款优先受偿。(5)转质权。质权人在质权存续期间,以其占有的质物为第三人设定质权,以担保自己的债务。

质权人的义务：质权人负有妥善保管质押财产的义务；因保管不善致使质押财产毁损、灭失的，应当承担赔偿责任。质权人的行为可能使质押财产毁损、灭失的，出质人可以要求质权人将质押财产提存，或者要求提前清偿债务并返还质押财产。

8.留置权

留置权是债权人就其依法占有的债务人的动产，在债务人逾期不履行债务时，有留置该财产以迫使债务人履行债务，并在债务人仍不履行债务时就该财产优先受偿的权利。

留置权是一种法定担保物权。留置权在符合一定的条件时，依法律的规定产生，而不是依当事人之间的协议设定的。

成立要件：（1）积极要件。债务人未履行到期债务。债权人合法占有债务人的动产。债权人占有的动产与所担保的债权属于同一法律关系。（2）消极要件。因侵权行为取得动产占有的。当事人约定不得留置的。留置不得违反公共秩序或善良风俗。留置不得与留置人所承担的义务相抵触。如承运人在履行运输义务"之前"，即以未付运费为由留置所运货物的，其留置货物的行为即与其承担的义务相抵触。

效力：同一动产上已设立抵押权或者质权，该动产又被留置的，留置权人优先受偿。

消灭：主债权消灭。留置权实现。留置物灭失。债务人另行提供担保并被债权人接受。留置权人对留置财产丧失占有。

牛刀小试

黄河公司以其房屋作抵押，先后向甲银行借款100万元，向乙银行借款300万元，向丙银行借款500万元，并依次办理了抵押登记。后丙银行与甲银行商定交换各自抵押权的顺位，并办理了变更登记，但乙银行并不知情。因黄河公司无力偿还三家银行的到期债务，银行拍卖其房屋，仅得价款600万元。

关于三家银行对该价款如何分配？

参考答案

甲银行得不到清偿、乙银行300万元、丙银行300万元。根据《民法典》第409条第1款的规定，抵押权人可以放弃抵押权或者抵押权的顺位。抵押权人与抵押人可以协议变更抵押权顺位以及被担保的债权数额等内容。但是，抵押权的变更未经其他抵押权人书面同意的，不得对其他抵押权人产生不利影响。本题中，甲银行和丙银行协议变更抵押权的顺位，未经抵押权人乙银行的书面同意，不得对其产生不利影响。因此，黄河公司无力偿还三家银行的到期债务，银行拍卖其房屋，仅得价款600万元。乙银行因不得对其产生不利影响，先清偿300万元，然后剩下的300万元全部对丙银行清偿也无法完全清偿对其500万的债务，甲银行则得不到清偿。所以最终受偿顺序如下：丙银行300万元——乙银行的300万元债权——甲银行得不到清偿。

考点04　债的保全

考点精讲

1. 债权人代位权

（1）概念：当债务人怠于行使其对第三人的权利而有害于债权人的债权实现时，债权人为保全自己的债权，可以自己的名义行使债务人之权利的权利。

（2）实体

一是须有合法、有效的债权债务关系。①非法的债权（如赌债），债权人无代位权。②若债权人对债务人的债权已过诉讼时效，则债权人无代位权。

二是须债权人与债务人之间的债务及债务人与第三人（次债务人）之间的债权均到清偿期。这一点有别于债权人撤销权。

三是须债务人怠于行使其对第三人的权利。即债务人不履行其对债权人的到期债务，又不以诉讼方式或者仲裁方式向次债务人主张其享有的具有金钱给付内容的到期债权，致使债权人的到期债权未能实现。

四是须债务人怠于行使权利的行为有害于债权人的债权。判断标准：采"债务超过说"，即债务人除了对次债务人的金钱债权之外，债务人的其他财产不足以清偿对债权人的债务。

五是债务人对次债务人的债权不具有专属性。

（3）程序

原告：债权人（以自己的名义）。

被告：次债务人。

无独立请求权第三人：债务人。债权人以次债务人为被告向法院提起代位权诉讼，未将债务人列为第三人的，法院可以追加债务人为第三人。

管辖：由被告住所地法院管辖。债务人与次债务人的管辖法院协议、仲裁协议（相对性），对提起代位之诉的债权人无约束力。

（4）法律后果

实体：若胜诉，可直接受领次债务人的清偿（谁代位，谁受益）。债权人与债务人、债务人与次债务人之间相应的债权债务关系即予消灭。

程序：①诉讼费用。债权人胜诉的，诉讼费由次债务人负担（谁败诉，谁承担），从实现的债权中优先支付。②必要费用。代位权的行使范围以债权人的债权为限。债权人行使代位权的必要费用（律师费用、差旅费），由债务人负担。③抗辩（全面转移）。次债务人（被告）享有一系列的抗辩权：继续适用次债务人对债务人的抗辩权；援用债务人对于债权人的抗辩权；代位之诉的原被告之间的程序抗辩权。

2.债权人撤销权

（1）概念：当债务人实施了减少其责任财产的处分行为而有害于债权人的债权时，债权人可依法请求法院撤销债务人所实施之行为的权利。

（2）实体

客观方面：一是债务人实施了减少（积极减少：不应减少而减少）财产的处分行为。包括无偿和有偿，具体行为有：①放弃其到期债权。②无偿转让财产。③以明显不合理的低价转让财产，对债权人造成损害，并且受让人知道该情形的。④放弃其未到期的债权。⑤放弃债权担保。⑥恶意延长到期债权的履行期。⑦以明显不合理的高价收购他人财产。二是债务人的处分行为害及债权人的债权实现。三是该处分行为必须是纯粹的财产行为，身份行为即使导致债务人的财产减少也不能进行撤销。

主观方面：存在恶意。①若为无偿处分，即可认定恶意的存在。②若为有偿，但为明显不合理低价，以受让人明知该情形的存在认定恶意。

时间：不以债权已届清偿期为要件。

（3）程序

原告：债权人。

被告：债务人。

无独立请求权第三人：可以追加受让人或者受益人为第三人。

除斥期间：撤销权自债权人知道或者应当知道撤销事由之日起1年内行使。自债务人的行为发生之日起5年内没有行使撤销权的，该撤销权消灭。

（4）法律后果

实体：债权人有权要求法院撤销债务人处分财产的行为。债务人的行为一经撤销，视为自始无效。

程序：债权人行使撤销权所支出的诉讼费用、必要费用，由债务人负担。对于上述费用，受益人或者受让人有过错的，应适当分担。

牛刀小试

甲公司在2011年6月1日欠乙公司货款500万元，届期无力清偿。2010年12月1日，甲公司向丙公司赠送一套价值50万元的机器设备。2011年3月1日，甲公司向丁基金会捐赠50万元现金。2011年12月1日，甲公司向戊希望小学捐赠价值100万元的电脑。甲公司的3项赠与行为均尚未履行。

对于甲公司的上述3个赠与行为，乙公司是否有权撤销？

参考答案

根据《民法典》第538条的规定，债务人以放弃其债权、放弃债权担保、无偿转让财产等方式无偿处分财产权益，或者恶意延长其到期债权的履行期限，影响债权人的债权实现的，债权人可以请求人民法院撤销债务人的行为。根据《民法典》第539条的规定，债务人以明显不合理的低价转让财产、以明显不合理的高价受让他人财产或者为他人的债务提供担保，影响债权人的债权实现，债务人的相对人知道或者应当知道该情形的，债权人可以请求人民法院撤销债务人的行为。可知，债权人撤销权的功能在于恢复债务人的一般责任财产，而不在于增加债务人的责任财产。所以，债权人有权撤销的债务人的处分行为，须发生在债务人对债权人负担债务之后，而不能发生在债务人对债权人负担债务之前。本题中，甲公司向丙公司赠送机器设备和向丁基金会捐赠现金，都发生在甲公司欠乙公司货款之前，因此没有损害到乙公司的债权，乙公司不得撤销甲公司对丙公司的赠与和对丁基金会的捐赠。

根据《民法典》第535条的规定，债权人撤销权的构成要件有三个：（1）债权人对债务人的债权合法、有效；（2）债务人对债权人负担债务之后实施了积极减少财产的行为，该法律行为损害到债权人的债权；（3）若债务人实施的法律行为系有偿行为，需要债务人与受益人对债权人遭受的损害具有恶意。本题中，甲公司向戊希望小学的赠与行为符合债权人撤销权的构成要件，乙公司有权行使债权人撤销权，撤销甲公司向戊希望小学的赠与行为。但根据《民法典》第658条的规定，赠与人在赠与财产的权利转移之前可以撤销赠与。经过公证的赠与合同或者依法不得撤销的具有救灾、扶贫、助残等公益、道德义务性质的赠与合同，不适用前款规定。本题中，甲公司对戊希望小学的捐赠具有社会公益性质，因此不得撤销。

考点05　债的移转

考点精讲

1. 债权让与

构成要件：

（1）须存在有效的债权。

（2）被让与的债权须具有可让与性。依据《民法典》第545条的规定，以下三类债权不得转让：一是根据债权性质不得转让的债权。包括：①基于个人信任关系而发生的债权，如雇佣、委托、租赁等合同所生债权。②专为特定债权人利益而存在的债权。如向特定人讲授外语的合同债权。③不作为债权，如竞业禁止约定。④属于从权利的债权，如保证债权不得单独让与。但从权利可与主权利分离而单独存在的，可以转让，如已经产生的利息债权可以与本金债权相分离而单独让与。二是按照当事人的约定不得转让的债权。三是依照法律规定不得转让的债权。《民法典》没有明确规定何种债权禁止让与，所以，依照法律规定不得转让的债权是指《民法典》以外的其他法律中关于债权禁止让与的规定。

（3）让与人与受让人须就债权的转让达成协议，并且不得违反法律的有关规定。

（4）债权的让与须通知债务人。未经通知，该转让对债务人不发生效力。换言之，债权让与无须征得债务人的同意。即通知并非债权转让协议的生效要件，是对债务人的生效要件。

救济：

（1）债务人接到债权转让通知后，债务人对让与人的抗辩，可以向受让人主张。

（2）债务人接到债权转让通知时，债务人对让与人享有债权，并且债务人的债权先于转让的债权到期或者同时到期的，债务人可以向受让人主张抵销。

2.债务承担

（1）构成要件

①须有有效的债务存在。

②债务承担合同的标的应具有可移转性。

③须有以债务承担为内容的合同。

④债务承担须经债权人同意。债权人的同意可以明示，也可以默示，还可以

通过向第三人请求履行或者受领第三人以债务承担为意图的履行推定出来。

（2）效力

①就已经全部或者部分转让给受让人承担的债务，原债务人脱离债的关系，而由受让人直接向债权人承担债务。

②债务受让人可以主张原债务人对债权人的抗辩。

③债务承担情形下，构成原债务人对债务承认的，应当认定诉讼时效从债务承担意思表示到达债权人之日起中断。

④第三人提供担保，未经其书面同意，债权人允许债务人转移全部或者部分债务的，担保人不再承担相应的担保责任。

牛刀小试

甲将其对乙享有的10万元货款债权转让给丙，丙再转让给丁，乙均不知情。乙将债务转让给戊，得到了甲的同意。丁要求乙履行债务，乙以其不知情为由抗辩。

如乙清偿10万元债务，其是否享有对戊的求偿权？

参考答案

如乙清偿10万元债务，则享有对戊的求偿权。根据《民法典》第551条第1款的规定，债务人将债务的全部或者部分转移给第三人的，应当经债权人同意。免责的债务承担的效力表现为，原债务人不再对所移转的债务承担责任。本题中，乙将债务转让给戊，得到了甲的同意，因此，乙将债务转让给戊的行为有效，如果乙清偿了10万元的债务，则享有对戊的求偿权。

考点06 抗辩权

考点精讲

1. 同时履行抗辩权（双方都享有）

当事人互负债务，没有先后履行顺序的，应当同时履行。一方在对方履行之前有权拒绝其履行要求。一方在对方履行债务不符合约定时，有权拒绝其相应的履行要求。

2. 先履行抗辩权（后履行方）

又称为"顺序履行抗辩权"：当事人互负债务，有先后履行顺序，先履行一方未履行的，后履行一方有权拒绝其履行要求。先履行一方履行债务不符合约定的，后履行一方有权拒绝其相应的履行要求。即在任何情况下，只要先履行一方不履行，后履行一方就可以不履行，且不需要承担违约责任。

3. 不安抗辩权（先履行方）

（1）主体：先履行方。

（2）时间：履行期限届满前。

（3）条件：举证对方可能失信的情形：①经营状况严重恶化。②转移财产、抽逃资金，以逃避债务。③丧失商业信誉。④有丧失或者可能丧失履行债务能力的其他情形。

（4）效力

中止履行：当事人中止履行的，应当及时通知对方。对方提供适当担保时，应当恢复履行（变中止为履行）。

解除合同：中止履行后，对方在合理期限内未恢复履行能力并且未提供适当担保的，中止履行的一方可以解除合同（变中止为解除）。

（5）**责任**：当事人没有确切证据中止履行的，应当承担违约责任。

牛刀小试

甲与乙公司签订的房屋买卖合同约定："乙公司收到首期房款后，向甲交付房屋和房屋使用说明书；收到二期房款后，将房屋过户给甲。"甲交纳首期房款后，乙公司交付房屋但未立即交付房屋使用说明书。甲以此为由行使先履行抗辩权而拒不支付二期房款。

甲是否能行使先履行抗辩权？

参考答案

甲不能行使先履行抗辩权，因甲的付款义务与乙公司交付房屋使用说明书不形成主给付义务对应关系。根据《民法典》第526条的规定，当事人互负债务，有先后履行顺序，应当先履行债务一方未履行的，后履行一方有权拒绝其履行请求。先履行一方履行债务不符合约定的，后履行一方有权拒绝其相应的履行请求。可知，这里提到的"债务"，首先应为主给付义务。但在从给付义务的履行与合同目的的实现具有密切关系时，应认为它与主给付义务之间有牵连关系，可产生先履行抗辩权。本案中，交付房屋为主给付义务，交付房屋使用说明书为从给付义务，且该从给付义务的履行与合同目的的实现没有密切关系。因此，甲不能行使先履行抗辩权。

考点07 合同解除

考点精讲

1. 约定解除

当事人协商一致，可以解除合同。当事人可以约定一方解除合同的条件。解除合同的条件成就时，解除权人可以解除合同。

2. 法定解除

有下列情形之一的，当事人可以解除合同：（1）因不可抗力致使不能实现合同目的（不可抗力+合同目的落空）。（2）在履行期限届满之前，当事人一方明确表示或者以自己的行为表明不履行主要债务（预期违约+主要债务）。（3）当事人一方迟延履行主要债务，经催告后在合理期限内仍未履行（迟延履行+主要债务+合理催告）。（4）当事人一方迟延履行债务或者有其他违约行为致使不能实现合同目的（迟延或违约+合同目的落空）。（5）法律规定的其他情形。

情势变更：合同成立后，合同的基础条件发生了当事人在订立合同时无法预见的、不属于商业风险的重大变化，继续履行合同对于当事人一方明显不公平的，受不利影响的当事人可以与对方重新协商；在合理期限内协商不成的，当事人可以请求人民法院或者仲裁机构变更或者解除合同。人民法院或者仲裁机构应当结合案件的实际情况，根据公平原则变更或者解除合同。

4类特殊法定解除权：一方实施特定违约行为时，非违约方享有法定解除权。（1）分期付款买卖合同。买受人未支付到期价款的金额达到全部价款的1/5的，出卖人有权解除合同。（2）借款人未按照约定的借款用途使用借款的，贷款人有权解除合同。（3）承租人擅自转租的，出租人有权解除合同。（4）承揽人擅自将承揽的主要工作交由第三人完成的，定作人有权解除合同。

3. 任意解除

（1）不定期租赁双方当事人：可以随时解除合同，但出租人解除合同应当在合理期限之前通知承租人。

（2）承揽合同定作人可以随时解除承揽合同，造成承揽人损失的，应当赔偿损失。

（3）承运人将货物交付收货人之前，托运人可以要求承运人中止运输、返还货物、变更到达地或者将货物交给其他收货人，但应当赔偿承运人因此受到的损失。

（4）保管合同的寄存人以及未约定保管期间的保管合同的双方：①寄存人可以随时领取保管物。②当事人对保管期间没有约定或者约定不明确的，保管人可以随时要求寄存人领取保管物。

（5）委托合同的双方：委托人或者受托人可以随时解除委托合同。因解除合同给对方造成损失的，除不可归责于该当事人的事由以外，应当赔偿损失。

（6）未约定保证期间的最高额保证人：保证人就连续发生的债权作保证，未约定保证期间的，保证人可以随时书面通知债权人终止保证合同。

4. 合同解除效力

合同解除后，可以追究违约责任，尚未履行的，终止履行；已经履行的，根据履行情况和合同性质，当事人可以要求恢复原状、采取其他补救措施，并有权要求赔偿损失。合同解除权为形成权，合同解除的对方当事人享有异议权，异议期有约从约，无约为3个月。

牛刀小试

甲公司与乙公司签订并购协议："甲公司以1亿元收购乙公司在丙公司中51%的股权。若股权过户后，甲公司未支付收购款，则乙公司有权解除并购协议。"后乙公司依约履行，甲公司却分文未付。乙公司向甲公司发送一份经过公证的《通知》："鉴于你公司严重违约，建议双方终止协议，贵方向我方支付违约金；或者由贵方提出解决方案。"3日后，乙公司又向甲公司发送《通报》："鉴于你公司严重违约，我方现终止协议，要求你方依约支付违约金。"

请问并购协议何时解除？

参考答案

《通报》送达后，并购协议解除。

合同的解除分为协议解除、约定解除和法定解除。约定解除是指合同当事人约定一方或者双方享有解除权的条件，条件成就时，一方或者双方享有解除权。

《民法典》第562条第2款规定，当事人可以约定一方解除合同的事由。解除合同的事由发生时，解除权人可以解除合同。本题中，甲公司与乙公司签订的并购协议中约定了甲公司在股权过户后未支付收购款时，乙公司可以解除协议。事后，甲公司分文未付，乙公司解除协议的条件已经满足，可以单方解除协议。

《民法典》第565条第1款规定，当事人一方依法主张解除合同的，应当通知对方。合同自通知到达对方时解除；通知载明债务人在一定期限内不履行债务则合同自动解除，债务人在该期限内未履行债务的，合同自通知载明的期限届满时解除。对方对解除合同有异议的，任何一方当事人均可以请求人民法院或者仲裁机构确认解除行为的效力。可知，行使解除权应发出解除的通知，通知到达对方时合同被解除。本题中,《通知》并不包含解除合同的目的意思和效果意思,不能认定为解除的通知。《通报》包括解除的目的意思和效果意思,应认定为解除的意思表示。

考点08　买卖合同

考点精讲

1.买卖合同风险负担移转规则

灭失的风险,在标的物交付之前由出卖人承担,交付之后由买受人承担,但法律另有规定或者当事人另有约定的除外。据此可知,《民法典》以"交付转移风险"为一般规则。

根据《民法典》第605~611条的规定,买卖合同标的物的风险负担在特定情形下的规则如下:

(1)在途货物买卖:出卖人出卖交由承运人运输的在途标的物,除当事人另有约定的以外,毁损、灭失的风险自合同成立时起由买受人承担。

(2)一方违约:①因买受人的原因致使标的物不能按照约定的期限交付的,买受人应当自违反约定之日起承担标的物毁损、灭失的风险。②出卖人按照约定或者规定将标的物置于交付地点,买受人违反约定没有收取的,标的物毁损、灭失的风险自违反约定之日起由买受人承担。③房屋毁损、灭失的风险,在交付使用前由出卖人承担,交付使用后由买受人承担;买受人接到出卖人的书面交房通知,无正当理由拒绝接收的,房屋毁损、灭失的风险自书面交房通知确定的交付使用之日起由买受人承担,但法律另有规定或当事人另有约定的除外。④因标的物质量不符合质量要求，致使不能实现合同目的的，买受人可以拒绝接受标的物或者解除合同。买受人拒绝接受标的物或者解除合同的，标的物毁损、灭失的风险由出卖人承担。

2. 保留所有权的买卖合同

（1）概念：当事人在买卖合同中约定买受人未履行支付价款或者其他义务的，标的物的所有权属于出卖人。

（2）适用范围：仅适用动产买卖，不适用不动产买卖。

（3）出卖人取回权

在标的物所有权转移前，买受人有下列情形之一，对出卖人造成损害，出卖人有权主张取回标的物：①未按约定支付价款的。②未按约定完成特定条件的。③将标的物出卖、出质或者作出其他不当处分的。

例外：①买受人已经支付的价款达到标的额总价款的75%以上的。②买受人实施无权处分后，受让人已经善意取得标的物所有权、质权的。

（4）再次出卖权

①出卖人取回后，若买受人未在回赎期行使回赎权，出卖人可以另行出卖标的物。

②出卖人所得价款依次扣除取回和保管费用、再交易费用、利息、未清偿的价金后仍有剩余的，应返还给买受人；如有不足，出卖人有权要求买受人继续清偿。但买受人有证据证明出卖人另行出卖的价格明显低于市场价格的除外。

（5）买受人回赎权

出卖人行使取回权后，买受人在回赎期内享有回赎权。

买受人须消除自己的违约行为。未按约定支付价款的，须按约定支付拖欠价款。对标的物实施处分的，须消除标的物上的负担。

买受人行使赎回权后，出卖人的取回权消灭，出卖人应将标的物返还给买受人。

回赎期，当事人双方可约定，不能约定的，由出卖人指定一个合理的期间；买受人必须在回赎期才能行使回赎权。

3. 分期付款买卖合同

（1）概念：买受人将其应付的总价款，在一定期限内至少分3次向出卖人支付的买卖合同。

（2）出卖人的权利：买受人未支付到期价款的金额达到全部价款的1/5（20%）以上的，出卖人有权择一行使下列权利：①要求买受人一次性支付剩余的全部价款（加速到期权）；②行使法定解除权解除合同，并要求买受人支付标的物的使用费（按租金标准支付）。

（3）买受人保护：1/5以上这一比例，是强制性规范，且是法定最低比例。当事人的约定违反该比例，损害买受人利益的，约定无效（约定低于20%的，损害买受人利益，无效；约定高于20%的，有效），仍按照1/5以上的比例调整。

4. 商品房买卖合同

商品房买卖合同是指房地产开发企业将尚未建成或已竣工的房屋向社会销售并转移房屋所有权于买受人，买受人支付价款的合同。

（1）销售广告性质认定：商品房的销售广告和宣传资料为要约邀请，但是出卖人就商品房开发规划范围内的房屋及相关设施所作的说明和允诺具体确定，并对商品房买卖合同的订立以及房屋价格的确定有重大影响的，应当视为要约。

（2）预约合同与本合同的认定：商品房的认购、订购、预订等协议具备商品房买卖合同的主要内容，并且出卖人已经按照约定收受购房款的，该协议应当认定为商品房买卖合同。

（3）效力：出卖人未取得商品房预售许可证明，与买受人订立的商品房预售合同，应当认定无效，但是在起诉前取得商品房预售许可证明的，可以认定有效。商品房预售合同未按照法律、行政法规规定办理登记备案，不因此确认合同无效。当事人约定以办理登记备案手续为商品房预售合同生效条件的，从其约定，但当事人一方已经履行主要义务、对方接受的除外。

牛刀小试

甲将其1辆汽车出卖给乙，约定价款30万元。乙先付了20万元，余款在6个月内分期支付。在分期付款期间，甲先将汽车交付给乙，但明确约定付清全款后甲才将汽车的所有权移转给乙。嗣后，甲又将该汽车以20万元的价格卖给不知情的丙，并以指示交付的方式完成交付。

在乙分期付款期间，乙是否能取得汽车的所有权？

参考答案

在乙分期付款期间，汽车虽然已经交付给乙，但甲保留了汽车的所有权，故乙不能取得汽车的所有权。根据《民法典》第641条第1款的规定，当事人可以在买卖合同中约定买受人未履行支付价款或者其他义务的，标的物的所有权属于出卖人。可知，在保留所有权买卖中，买受人取得所有权附生效条件，须所附生效条件成就，买受人才能取得所有权。本题中，甲乙明确约定付清全款后甲才将汽车的所有权移转给乙，汽车虽然已经交付给乙，但乙没有付清全款，乙还不能取得汽车所有权。

考点09　租赁合同

考点精讲

1. 租赁合同的一般规定

（1）概念：租赁合同是指出租人将租赁物交付给承租人使用、收益，承租人支付租金的合同。在当事人中，提供物的使用或收益权的一方为出租人；对租赁物有使用或收益权的一方为承租人。租赁物须为法律允许流通的动产和不动产。租赁物为特定的非消耗物。

（2）形式要求：租赁期限6个月以上的，应当采用书面形式。当事人未采用书面形式的，视为不定期租赁。不定期租赁合同，是指当事人未约定租赁期限或者约定不明确的租赁合同。①租赁期限在6个月以上且当事人未采取书面形式的租赁合同。②租赁期间届满，承租人继续使用租赁物，出租人没有提出异议的。③合同当事人未约定租赁期限的。

（3）租赁期限：租赁期限不得超过20年。超过20年的，超过部分无效。

（4）维修义务：①出租人应当履行租赁物的维修义务，但当事人另有约定的除外。②承租人在租赁物需要维修时可以要求出租人在合理期限内维修。出租人未履行维修义务的，承租人可以自行维修，维修费用由出租人负担。因维修租赁物影响承租人使用的，应当相应减少租金或者延长租期。

2. 租赁合同中当事人的法定解除权

（1）出租人的法定解除权：①承租人未按照约定的方法或者租赁物的性质使用租赁物，致使租赁物受到损失的。②承租人擅自变动房屋建筑主体和承重结构或者扩建，在出租人要求的合理期限内仍不予恢复原状的。③承租人未经出租人同意转租的（但出租人知道或者应当知道擅自转租之日起6个月未提出异议的，由非法转租变为合法转租，解除权消灭）。④承租人无正当理由未支付或者迟延支付租金，经出租人催告后在合理期间内仍未支付的。

（2）承租人的法定解除权：①因不可归责于承租人的事由，致使租赁物部分或者全部毁损、灭失的。②租赁物危及承租人的安全或者健康的，即使承租人订立合同时明知该租赁物质量不合格的。③出租人就同一房屋订立数份租赁合同，在合同均有效的情况下，不能取得租赁房屋的承租人请求解除合同。

3. 无效的房屋租赁合同

（1）违法建筑物：未取得建设工程规划许可证（无证房）或者未按照建设工程规划许可建设的房屋（违章房），未经批准或者未按照批准内容建设的临时建筑，超过批准使用期限的临时建筑为违法建筑。此类建筑物的租赁合同无效。如果在一审辩论终结前违法情节消失的，合同转为有效。

（2）提起确认无效之诉：未经出租人同意擅自转租的房屋租赁合同，出租人提起无效之诉或者撤销之诉，受到法院支持，合同转为无效。

（3）转租超期：转租合同期限超过承租人剩余租赁期限，超过部分无效。

4. 一房数租问题

债权具有相容性，一房数租订立多重出租合同，数份合同在均不存在效力瑕疵的情况下，当然有效。

出租人就同一房屋订立数份租赁合同，在合同均有效的情况下，承租人均主张履行合同的，法院按照下列顺序确定履行合同的承租人：（1）已经合法占有租赁房屋的。（2）已经办理登记备案手续的。（3）合同成立在先的。

不能取得租赁房屋的承租人请求解除合同、赔偿损失的，依照《民法典》的有关规定处理。

5.买卖不破租赁

租赁物在租赁期间发生所有权变动的，不影响租赁合同的效力。据此，在租赁合同有效期间，租赁物因买卖等使租赁物的所有权发生变更的，租赁合同对新所有权人仍然有效，新所有权人不履行租赁义务时，承租人可以租赁权对抗新所有权人，这在学理上称为"买卖不破租赁"。

（1）一般构成：①租赁合同有效。②租赁期间，租赁物的所有权因买卖、赠与等发生变更。

（2）例外情形：租赁房屋具有下列情形或者当事人另有约定的除外：①租赁物被没收、征收的。②先出租后抵押，或者动产抵押已办理抵押登记，因抵押权人实现抵押权发生所有权变动的。③房屋在出租前已被法院依法查封的。

6.承租人的优先购买权

（1）一般规定：出租人出卖租赁房屋的，应当在出卖之前的合理期限内（提前15日，拍卖场合下提前5日）通知承租人，承租人享有以同等条件优先购买的权利。

（2）排除适用：具有下列情形之一，承租人主张优先购买房屋的，法院不予支持：①房屋共有人行使优先购买权的。②出租人将房屋出卖给近亲属，包括配偶、父母、子女、兄弟姐妹、祖父母、外祖父母、孙子女、外孙子女的。③出租人履行通知义务后，承租人在15日内未明确表示购买的。④第三人善意购买租赁房屋并已经办理登记手续的（注意：房屋所有权人在租赁期内，侵害承租人优先购买权的处分房屋行为，仍为有权处分，第三人善意购买租赁房屋不适用善意取得）。

（3）承租人的救济：侵害承租人优先购买权的，承租人可依法主张损害赔偿。

7. 转租问题

（1）合法转租

合法转租，是指经出租人同意的转租。①须经出租人同意。出租人同意的意思表示，可以明示，也可以默示；可以事先同意，也可以事后追认；可以向承租人表示，也可以向第三人表示。②出租人同意转租的推定。出租人知道或者应当知道承租人转租，但在6个月内未提出异议的，推定为同意转租，该转租合同有效。出租人不得再行主张转租合同无效或者主张解除租赁合同。③超期转租未经出租人同意的，超期部分的转租合同无效。

合法转租中，出租人、承租人与次承租人之间的关系是：出租人与次承租人之间没有合同关系。根据合同的相对性原理，承租人就次承租人的行为对出租人负责，承担损害赔偿责任。承租人向出租人承担责任之后，承租人可以向次承租人主张违约损害赔偿。出租人可以基于其所有人地位向次承租人主张侵权损害赔偿或者物上请求权。

（2）非法转租

非法转租，是指承租人未经出租人同意，擅自签订转租合同。①非法转租城镇房屋的，次租赁合同无效。②若出租人自知道之日起6个月内没有表示异议，推定其同意转租，非法转租即转化为合法转租。③承租人未经出租人同意转租的，出租人可以解除合同。④租赁期间，承租人非法转租取得的租金不构成不当得利。因为承租人依据合法的租赁关系，对租赁物享有收益权能。出租人若解除租赁合同，则解除之后承租人继续出租取得的租金才构成不当得利。⑤在非法转租中，次承租人相对于出租人来说就是无权占有人。因此，作为所有权人的出租人对次承租人享有返还原物请求权。

牛刀小试

甲以某商铺作抵押向乙银行借款，抵押权已登记，借款到期后甲未偿还。甲提前得知乙银行将起诉自己，在乙银行起诉前将该商铺出租给不知情的丙，预收了1年租金。半年后经乙银行请求，该商铺被法院委托拍卖，由丁竞买取得。

丁是否有权请求丙腾退商铺？丙是否有权要求丁退还剩余租金？

参考答案

丁有权请求丙腾退商铺，丙无权要求丁退还剩余租金。本题的解题关键在于区分"先租后抵"与"先抵后租"的法律效果。关于"先租后抵"，仍适用"买卖不破租赁"规则。根据《最高人民法院关于审理城镇房屋租赁合同纠纷案件具体应用法律若干问题的解释》第14条的规定，租赁房屋在承租人按照租赁合同占有期限内发生所有权变动，承租人请求房屋受让人继续履行原租赁合同的，人民法院应予支持。但租赁房屋具有下列情形或者当事人另有约定的除外：（1）房屋在出租前已设立抵押权，因抵押权人实现抵押权发生所有权变动的；（2）房屋在出租前已被人民法院依法查封的。本案属于"先抵后租"，租赁关系不得对抗已登记的抵押权，不影响抵押权实现。因此，丁有权要求丙腾退商铺，且不受甲、丙间租赁合同之约束。因此，丙无权要求丁退还剩余租金。

考点10　建设工程施工合同

考点精讲

1. 建设工程合同一般规定

（1）概述：建设工程合同是承包人进行工程建设，发包人支付价款的合同。建设工程合同包括工程勘察、设计、施工合同。建设工程合同应当采用书面形式。

（2）特征

发包人不得将应当由一个承包人完成的建设工程肢解成若干部分发包给几个承包人。

承包人不得将其承包的全部建设工程转包给第三人或者将其承包的全部建设工程肢解以后以分包的名义分别转包给第三人。

禁止承包人将工程分包给不具备相应资质条件的单位。

禁止分包单位将其承包的工程再分包。

建设工程主体结构的施工必须由承包人自行完成。

总承包人或者勘察、设计、施工承包人经发包人同意，可以将自己承包的部分工作交由第三人完成。第三人就其完成的工作成果与总承包人或者勘察、设计、施工承包人向发包人承担连带责任。

（3）优先受偿

发包人未按照约定支付价款的，承包人可以催告发包人在合理期限内支付价款。发包人逾期不支付的，除按照建设工程的性质不宜折价、拍卖的以外，承包人可以与发包人协议将该工程折价，也可以申请法院将该工程依法拍卖。建设工程的价款就该工程折价或者拍卖的价款优先受偿。

优先于抵押权和其他债权，但是不得对抗已经支付全部或者大部分房款的购房人。

优先受偿权的行使期限为6个月，自竣工之日或者约定竣工之日起计算。

2. 建设工程合同的无效

（1）无效情形

建设工程施工合同具有下列情形之一的，应当认定无效：①承包人未取得建筑施工企业资质或者超越资质等级的。②没有资质的实际施工人借用有资质的建筑施工企业名义的。③建设工程必须进行招标而未招标或者中标无效的。

承包人非法转包、违法分包建设工程或者没有资质的实际施工人借用有资质的建筑施工企业名义与他人签订建设工程施工合同的行为无效。法院可以收缴当事人已经取得的非法所得。

承包人超越资质等级许可的业务范围签订建设工程施工合同，在建设工程竣工前仍未取得相应资质等级，当事人请求按照无效合同处理的，予以支持。

（2）工程价款

验收合格：建设工程施工合同无效，但建设工程经竣工验收合格，承包人请求参照合同约定支付工程价款的，应予支持。

验收不合格：建设工程施工合同无效，且建设工程经竣工验收不合格的，按照以下情形分别处理：①修复后的建设工程经竣工验收合格，发包人请求承包人承担修复费用的，应予支持。②修复后的建设工程经竣工验收不合格，承包人请求支付工程价款的，不予支持。因建设工程不合格造成的损失，发包人有过错的，也应承担相应的民事责任。

🐂 牛刀小试

甲公司将一工程发包给乙建筑公司，经甲公司同意，乙公司将部分非主体工程分包给丙建筑公司，丙公司又将其中一部分分包给丁建筑公司。后丁公司因工作失误致使工程不合格，甲公司欲索赔。

丙公司在向乙公司赔偿损失后，是否有权向丁公司追偿？

参考答案

丙公司在向乙公司赔偿损失后，有权向丁公司追偿。根据《民法典》第593条的规定，当事人一方因第三人的原因造成违约的，应当依法向对方承担违约责任。当事人一方和第三人之间的纠纷，依照法律规定或者按照约定处理。本案中，丁公司工作失误造成的损失，存在过错，因此丙公司向乙公司赔偿损害后，有权向丁公司追偿。

民事诉讼法

考点01 撤诉

考点精讲

撤诉是人民法院受理争议案件后、宣告判决前，当事人撤回诉讼的行为。

1. 申请撤诉

申请撤诉是原告主动要求撤回诉讼的行为，是指当事人在人民法院对案件作出实体判决以前，以积极明确的意思表示，向人民法院提出撤诉申请的诉讼行为，申请撤诉需要符合以下法定条件：

（1）申请撤诉的主体是原告及其法定代理人。其他人无权申请撤诉，包括本诉的原告、提出反诉的被告、有独立请求权第三人（有独立请求权的第三人也可以提出撤诉申请，但有独立请求权的第三人申请撤诉不影响原告和被告之间本诉的进行）。

（2）申请撤诉应当在人民法院受理案件后，宣告判决之前。

（3）申请撤诉是否准许，由人民法院作出裁定。

①申请符合条件的，裁定准许；申请不符合条件的，裁定驳回申请，案件继续审理。

②法庭辩论终结后原告申请撤诉，被告如果同意撤诉，法院应当准许；被告如果不同意撤诉，法院享有裁量权，可以准许撤诉，也可以不准许撤诉。

③当事人申请撤诉或者依法可以按撤诉处理的案件，如果当事人有违反法律的行为需要依法处理的，法院可以不准许撤诉或者不按撤诉处理。

2. 按撤诉处理

按撤诉处理是人民法院根据当事人所实施的行为作出的法律上的推断，即只要当事人实施了法律所规定的某些行为，法院就视同当事人撤诉，而不论当事人主观上是否愿意。按撤诉处理的情形有以下两种：

（1）原告、有独立请求权的第三人、法定代理人经法院传票传唤，无正当理由拒不到庭或者未经法庭许可中途退庭的。

（2）原告接到法院预交案件受理费的通知后，既不预交费用，也不申请缓交、减交或者免交诉讼费用，以及申请缓交、减交或者免交未获准许后仍不交费的。

3. 撤诉的效果

（1）一审撤诉，当事人向法院再起诉的，法院应当受理。

（2）二审程序和再审程序中，一审原告在审理程序中撤回起诉后重复起诉的，人民法院不予受理。

4. 撤诉与合同解除

当事人一方未通知对方，直接以提起诉讼的方式主张解除合同，撤诉后再次起诉主张解除合同，人民法院经审理支持该主张的，合同自再次起诉的起诉状副本送达对方时解除。但是，当事人一方撤诉后又通知对方解除合同且该通知已经到达对方的除外。

牛刀小试

2022年2月，为了扩大经营，甲公司与乙公司签订《设备买卖合同》，甲公司购买乙公司价值200万元的生产设备，先支付100万元，其余100万元分10期支付，每个月支付10万元，12月底前全部完成付款。合同约定如发生纠纷由西河市法院管辖。

甲公司支付了四个月价款后，第五个月并未按期付款。2023年3月，乙公司以甲公司为被告向西河市法院提起诉讼，要求解除与甲公司的《设备买卖合同》并要求其承担相应责任。西河市法院受理后，向甲公司送达了起诉状副本，甲公司应诉答辩，诉讼中甲公司一直反对解除合同。法庭审理过程中，乙公司发现甲公司实际上并没有什么财产，胜诉也无实质意义，于是申请撤诉，法院裁定准予撤诉。

一个月后，乙公司再次向西河市法院起诉甲公司，要求甲公司继续履行《设备买卖合同》，一次性支付全部剩余价款60万元，赔偿迟延履行损失。甲公司提出抗辩：乙公司的起诉状副本已经送达甲公司，故在第一次起诉时，甲公司与乙公司的《设备买卖合同》已经解除，乙公司第二次起诉要求履行合同不成立，且乙公司并非适格原告。

甲公司的抗辩是否成立？为什么？

参考答案

甲公司的抗辩不成立。乙公司撤诉后并没有在第二次起诉前再向甲公司主张过解除意思表示，故合同尚未解除，甲公司主张《设备买卖合同》已解除的主张不能成立，《设备买卖合同》应自再次起诉的起诉状副本送达甲公司时解除。另外,原告撤诉或者人民法院按撤诉处理后,原告以同一诉讼请求再次起诉的,人民法院应予受理。乙公司再次起诉不属于后诉实质否认前诉,不构成重复起诉。乙公司是发生争议的《设备买卖合同》的主体,其与本案有直接利害关系,属于适格原告。

《最高人民法院关于适用〈中华人民共和国民法典〉合同编通则若干问题的解释》第54条规定:"当事人一方未通知对方,直接以提起诉讼的方式主张解除合同,撤诉后再次起诉主张解除合同,人民法院经审理支持该主张的,合同自再次起诉的起诉状副本送达对方时解除。但是,当事人一方撤诉后又通知对方解除合同且该通知已经到达对方的除外。"

《最高人民法院关于适用〈中华人民共和国民事诉讼法〉的解释》第214条规定:"原告撤诉或者人民法院按撤诉处理后,原告以同一诉讼请求再次起诉的,人民法院应予受理。原告撤诉或者按撤诉处理的离婚案件,没有新情况、新理由,六个月内又起诉的,比照民事诉讼法第一百二十七条第七项的规定不予受理。"

考点02　管辖

考点精讲

1. 由中级法院管辖的几类特殊常考案件

(1) 知识产权案件:①专利纠纷案件,由知识产权法院、最高人民法院确定的中级法院和基层法院管辖。②著作权民事纠纷案件,由中级法院(包括知识产权法院)管辖。但有例外:各高级法院根据本辖区的实际情况,可以确定若干基层法院管辖。③商标民事纠纷案件,由中级法院(包括知识产权法院)管辖。但有例外：各高级法院根据本辖区的实际情况，经最高人民法院批准，可以在较大城市确定1~2个基层法院管辖。

（2）公益诉讼案件由侵权行为地或者被告住所地的中级法院管辖。

（3）涉及仲裁的案件：①对于仲裁协议的效力有异议请求法院作出裁决的，由中级法院管辖。②申请撤销仲裁裁决的，由仲裁委员会所在地的中级法院管辖。③申请执行仲裁裁决的案件。④涉外仲裁中的保全案件，由中级法院管辖。（国内仲裁中的保全案件，由基层法院管辖）

2. 确定其地域管辖法院的基本路径

就某一案件而言，确定其地域管辖法院的基本路径是：专属管辖→协议管辖→特殊地域管辖→一般地域管辖。理论逻辑在于，符合专属管辖的案件必须适用专属管辖，即使案情中存在协议管辖也是无效的；不符合专属管辖之规定的，才看是否存在有效的管辖协议；若无管辖协议或者虽有管辖协议但无效的，再看是否符合特殊地域管辖的系列规定；不符合特殊地域管辖时，最后才看一般地域管辖的适用。

3. 专属管辖

专属管辖排除一般地域管辖、特殊地域管辖和协议管辖的适用。

（1）因不动产纠纷提起的诉讼，由不动产所在地人民法院管辖。不动产纠纷是指因不动产的权利确认、分割、相邻关系等引起的物权纠纷。另外，农村土地承包经营合同纠纷、房屋租赁合同纠纷、建设工程施工合同纠纷、政策性房屋买卖合同纠纷，也适用不动产纠纷的专属管辖。

注意：商品房买卖合同纠纷不适用不动产纠纷的专属管辖，而是属于合同纠纷，可适用特殊地域管辖与协议管辖。通常的房屋买卖纠纷是指商品房买卖纠纷。

（2）因港口作业中发生纠纷提起的诉讼，由港口所在地人民法院管辖。

（3）因继承遗产纠纷提起的诉讼，由被继承人死亡时住所地或者主要遗产所在地人民法院管辖。

4. 协议管辖

协议管辖的适用优先于特殊地域管辖。

（1）适用案件：只适用于合同纠纷或其他财产权益纠纷。

（2）适用方式：管辖协议必须采用书面方式。口头协议无效。

（3）选择法院：在规定范围内选择，被告住所地、合同履行地、合同签订地、原告住所地、标的物所在地等与争议有实际联系的地点的法院均可协议选择。

根据《民诉法解释》[①]第30条第2款的规定，管辖协议约定两个以上与争议有实际联系的地点的人民法院管辖，原告可以向其中一个人民法院起诉。

（4）消极要件：不得违反级别管辖和专属管辖的法律规定。

5. 特殊地域管辖

特殊地域管辖之"特殊"，即指民事诉讼法规定的一些特定案件的地域管辖。法考主观题主要涉及以下几种特殊地域管辖。

（1）合同纠纷的管辖。①因合同纠纷提起的诉讼，由被告住所地或者合同履行地法院管辖。②合同没有实际履行，当事人双方住所地又都不在合同约定的履行地的，只能由被告住所地法院管辖。③以信息网络方式订立的买卖合同，通过信息网络交付标的的，以买受人住所地为合同履行地；通过其他方式交付标的的，以收货地为合同履行地。合同对履行地有约定的，从其约定。

（2）侵权纠纷的管辖。因侵权行为提起的诉讼，由侵权行为地（包括侵权行为实施地和侵权结果发生地）或者被告住所地法院管辖。

[①] 即《最高人民法院关于适用〈中华人民共和国民事诉讼法〉的解释》，下同。

（3）运输纠纷的管辖。①因铁路、公路、水上、航空运输和联合运输合同纠纷提起的诉讼，由运输始发地、目的地或被告住所地法院管辖。②因铁路、公路、水上和航空事故请求损害赔偿提起的诉讼，由事故发生地或车辆、船舶最先到达地、航空器最先降落地或被告住所地法院管辖。

（4）公司事务纠纷的管辖。因公司设立、确认股东资格、分配利润、公司解散、股东名册记载、请求变更公司登记、股东知情权、公司决议、公司合并、公司分立、公司减资增资等纠纷提起的诉讼，由公司住所地法院管辖。

6.一般地域管辖

不符合专属管辖、协议管辖以及特殊地域管辖之规定的案件，才能适用一般地域管辖的规则。

以原告就被告为原则：一般情况下由被告住所地法院管辖。

以被告就原告为例外：下列案件由原告住所地法院管辖：（1）对不在中国领域内居住的人提起的有关身份关系的诉讼。（2）对下落不明或宣告失踪的人提起的有关身份关系的诉讼。（3）对被监禁或被采取强制性教育措施的人提起的诉讼。（4）被告一方被注销户籍的诉讼。

原告与被告住所地皆有管辖权的案件：（1）几个被告住所地不在同一辖区的追索赡养费、抚养费、扶养费案件。（2）夫妻一方离开住所地超过1年，另一方起诉离婚的案件。

7.移送管辖

两大前提：（1）法院已经受理案件。（2）受理法院对案件的管辖存在错误，包括地域管辖或级别管辖的错误。

两种适用移送管辖的特殊情形：（1）法院在立案前发现其他有管辖权的法院已先立案的，不得重复立案；立案后发现其他有管辖权的法院已立案的，应在7日内裁定将案件移送给先立案法院。(2)当事人基于同一法律关系或者同一法律事实而发生纠纷,以不同诉讼请求分别向有管辖权的不同法院起诉的,后立案法院在得知有关法院先立案的情况后,应当在7日内裁定将案件移送先立案法院合并审理。

两种不适用移送管辖的特殊情形:(1)受移送法院不能再行移送,如果认为本院无权管辖则只能报请上级法院指定管辖。(2)有管辖权的法院受理案件后,不得以行政区域变更或者当事人住所地、居所地变更为由,将案件移送给变更后有管辖权的法院。(管辖恒定原则)

8.指定管辖的适用情形

受移送的法院认为对受移送的案件没有管辖权,应当报请自己的上级法院指定管辖。

有管辖权的法院由于特殊原因,不能行使管辖权的,由上级法院指定管辖。所谓"特殊原因",包括事实原因和法律原因。事实原因,譬如地震、水灾等不可抗力;法律原因,譬如受诉法院恰是本案一方当事人,不适合审理本案。

法院之间因管辖权发生争议,协商解决不了的,报请它们的共同上级法院指定管辖,并且应当逐级报请。

牛刀小试

甲市夏天公司与乙市天厦公司在丙市签订了一份空调买卖合同。按合同约定,天厦公司于合同签订之日向夏天公司交付定金10万元,夏天公司于合同签订之日起15日内发货,由夏天公司送货上门,交货地点为天厦公司在丁市的仓库。双方还在合同中约定,如果发生纠纷,由合同签订地或原告住所地或交货地人民法院管辖。后由于夏天公司所交的空调质量有问题,双方协商未果,天厦公司将夏天公司诉至乙市法院。夏天公司对乙市法院提出管辖权异议，乙市法院遂将案件移送到丁市法院。丁市法院认为自己没有管辖权，又将案件移送给丙市法院。丙市法院立案审理，夏天公司在收到起诉状副本后15日内提出管辖权异议。丙市法院裁定驳回夏天公司的管辖权异议。（本题中甲、乙、丙、丁四个市均为县级市）

哪些（个）法院对本案有管辖权？丁市法院的做法是否正确？为什么？丙市法院的正确做法是什么？夏天公司对丙市法院的裁定可作如何救济？

参考答案

1.《民诉法解释》第30条第2款规定："管辖协议约定两个以上与争议有实际联系的地点的人民法院管辖，原告可以向其中一个人民法院起诉。"本案存在管辖协议，且约定了乙市、丙市、丁市三个法院。原告天厦公司选择向其中的乙市法院起诉，即应由乙市法院管辖本案。

2.丁市法院的做法不正确。根据《民事诉讼法》第37条的规定，移送只能进行一次，接受移送法院不能再次将案件移送。若认为自己对案件也无管辖权，应将案件报送上级法院，由上级法院指定管辖。

3.对于夏天公司提出的管辖权异议，丙市法院应当予以审查，并根据案件实际情况，对管辖权异议作出裁定。本案中，夏天公司提出的管辖异议合法有据。丙市法院应当将案件报送上级法院，由上级法院指定管辖。

4.夏天公司对驳回管辖权异议的裁定不服的，可以在接到裁定书10日之内，向丙市法院的上一级法院提起上诉。二审法院对当事人提出的上诉，依法应作出终审裁定，终审裁定所确定的管辖法院，即为该案的管辖法院。

考点03 当事人

考点精讲

1.几类特殊主体

（1）个体工商户：在诉讼中，个体工商户以营业执照上登记的业主为当事人。有字号的，以营业执照上登记的字号为当事人，但应同时注明该字号经营者的基本信息。营业执照上登记的经营者与实际经营者不一致的，以登记经营者和实际经营者为共同诉讼人。

（2）合伙企业与个人合伙：依法登记并领取营业执照的合伙企业涉诉的，以企业为当事人。未依法登记领取营业执照的个人合伙的全体合伙人在诉讼中为共同诉讼人。个人合伙有依法核准登记的字号的，应在法律文书中注明字号。

（3）法人的分支机构：法人依法设立且领取营业执照的分支机构涉诉的，以分支机构为当事人。法人非依法设立的分支机构，或者虽依法设立，但没有领取营业执照的分支机构引起的诉讼，以设立该分支机构的法人为当事人。

（4）居委会、村委会或村民小组：居民委员会、村民委员会或者村民小组与他人发生民事纠纷的，以该居民委员会、村民委员会或者有独立财产的村民小组为当事人。

（5）法人解散：企业法人解散的，依法清算并注销前，以该企业法人为当事人；未依法进行清算即被注销的，以该企业法人的股东、发起人或者出资人为当事人。

2.名义的冒用与借用

（1）名义冒用：下列情形以行为人为当事人：①法人或者其他组织应登记而

未登记即以该法人或者其他组织名义进行民事活动的；②行为人没有代理权、超越代理权或者代理权终止后以被代理人名义进行民事活动的，但相对人有理由相信行为人有代理权的除外；③法人或者其他组织依法终止后，行为人仍以被依法终止的法人或者其他组织的名义进行民事活动的。

（2）签章或账户的借用：借用业务介绍信、合同专用章、盖章的空白合同书或者银行账户的，出借单位和借用人为共同诉讼人。

（3）挂靠：以挂靠形式从事民事活动的，当事人请求由挂靠人和被挂靠人依法承担民事责任的，该挂靠人和被挂靠人为共同诉讼人。

3.诉讼承担的情形

在诉讼中，一方当事人死亡，有继承人的，裁定中止诉讼；法院应及时通知继承人作为当事人承担诉讼，被继承人已经进行的诉讼行为对承担诉讼的继承人有效。

企业法人合并的，因合并前的民事活动发生的纠纷，以合并后的企业为当事人；企业法人分立的，因分立前的民事活动发生的纠纷，以分立后的企业为共同诉讼人。

4.共有权的保护

共有财产权受到他人侵害，部分共有权人起诉的，其他共有权人应当列为共同诉讼人。

在继承遗产诉讼中，部分继承人起诉的，法院应通知其他继承人作为共同原告参加诉讼；被通知的继承人不愿意参加诉讼又未明确表示放弃实体权利的，法院仍应把其列为共同原告。

5.担保案件的当事人确定

（1）一般（非连带）保证案件的当事人：债权人仅起诉被保证人（债务人）的，可只列被保证人为被告。债权人仅起诉保证人的，法院应当通知被保证人（债务人）作为共同被告参加诉讼。一般保证的债权人对债务人和保证人一并提起诉讼的，法院可以将债务人和保证人列为共同被告参加诉讼。

（2）连带保证案件，债权人有权选择可以将债务人或者保证人作为被告提起诉讼，也可以将债务人和保证人作为共同被告提起诉讼。

6. 涉公司法诉讼中的当事人确定

（1）以公司为被告的诉讼

解散公司诉讼的当事人：股东提起解散公司诉讼应以公司为被告，可列其他股东为第三人。

公司机关会议决议无效和撤销纠纷的当事人：①确认股东会、董事会决议无效或不成立的诉讼（确认之诉），应以股东、董事、监事等为原告，以公司为被告，决议涉及的其他利害关系人可列为第三人。②撤销股东会、董事会决议的诉讼（变更之诉），应以股东为原告（起诉时具有股东资格），以公司为被告，决议涉及的其他利害关系人可列为第三人。

股东知情权纠纷的当事人：原告请求查阅或者复制公司特定文件材料的案件，以股东为原告，公司为被告。

分配公司利润纠纷的当事人：原告请求公司分配利润案件，应列公司为被告。其他股东基于同一分配方案请求分配利润并申请参加诉讼的，应列为共同原告。

（2）以董事、监事、高管为被告的诉讼

损害公司利益之直接诉讼的当事人：①公司董事、高管给公司造成损失的，应列公司为原告，由监事会主席、监事代表公司进行诉讼。②公司监事给公司造成损失的，应列公司为原告，由董事长、执行董事代表公司进行诉讼。

损害公司利益之股东代表诉讼的当事人：公司董事、监事、高管给公司造成损失、股东代表公司提起诉讼的，应列股东为原告，列公司为第三人。（胜诉利益

归于公司）

7. 第三人撤销之诉

第三人撤销之诉是指第三人因不能归责于本人的事由未能参加原被告之间的诉讼时，针对原审诉讼裁判结果对第三人产生的不利后果，向法院提起的改变或撤销错误的原审生效裁判的一种诉讼。

（1）第三人撤销之诉的程序设置

诉讼主体：原告是案外第三人（包括有独立请求权的第三人和无独立请求权的第三人）；被告是原审诉讼的原告和被告；原审诉讼中没有承担责任的无独立请求权第三人仍然可列为第三人。

诉讼客体：已生效的判决、裁定、调解书。

提起诉讼的期限：第三人自知道或者应当知道其民事权益受到损害之日起6个月内提出撤销之诉。

提起诉讼的条件：第三人提起第三人撤销之诉，应当提供存在下列情形的证据材料：①因不能归责于本人的事由未参加诉讼。②发生法律效力的判决、裁定、调解书的全部或者部分内容错误。③发生法律效力的判决、裁定、调解书内容错误损害其民事权益。

受理法院：由作出生效裁判的法院管辖。

（2）第三人撤销之诉与再审程序的关系

从理论上讲，第三人撤销之诉是再审制度的一个变种，两者的终极目标一致，都是针对生效裁判予以纠错。因此，两者的程序路径不能并行，只能二选一进行适用。

再审程序对第三人撤销之诉的吸收：第三人撤销之诉案件审理期间，法院裁定原生效判决、裁定、调解书再审的，受理第三人撤销之诉的法院应当裁定终结诉讼，第三人的诉讼请求并入再审程序并按照下列情形分别处理：①按照一审程序再审的，法院应对第三人的诉讼请求一并审理，所作判决当事人可以上诉。②按照二审程序再审的，法院可进行调解，调解不成的，应当裁定撤销原判决、裁定、调解书，发回一审法院重审，重审时应当列明第三人。

有证据证明原审当事人恶意串通损害第三人合法权益的，法院应先行审理第三人撤销之诉案件，裁定中止再审诉讼。

申请再审与第三人撤销之诉的竞合（两者只能适用其一）：①第三人提起撤销之诉后，生效裁判未中止执行的，执行法院对第三人提出的执行异议（案外人对执行标的的异议）应予审查。第三人不服驳回执行异议裁定，申请对原裁判再审的，法院不予受理。②在执行程序中，案外人对法院驳回其执行异议裁定不服，认为原裁判内容错误损害其合法权益的，应当根据《民事诉讼法》第238条规定申请再审，提起第三人撤销之诉的，法院不予受理。

（3）第三人撤销之诉的处理结果

法院经审理，诉讼请求成立的，应当判决改变或者撤销原判决、裁定、调解书；诉讼请求不成立的，判决驳回诉讼请求。

当事人对上述判决不服的，可以提起上诉。原判决、裁定、调解书的内容未改变或者未撤销的部分继续有效。

牛刀小试

2014年，新华村委会将葡萄园平均分给各户承包，规定承包期5年，其中韩某承包了40棵葡萄树。2016年，村委会又全部收回葡萄园搞专业承包，发包给以小明为首的6人专业队，合同约定承包期10年。后因管理不便，经村委会同意，小明等6人又将其中原来韩某承包过的40棵葡萄树转包给了刘某。1年后，韩某以他与村委会2014年的合同未到期为由，强行抢摘这40棵葡萄树400多公斤的葡萄，引起纠纷。村委会调解不成，即宣布解除其与小明等6人的合同，准备重新平均分包到各户。小明等6人即诉至法院，请求继续履行合同。刘某则向法院请求韩某返还400多公斤葡萄。一审法院将韩某列为被告，将村委会和刘某列为第三人。判决后村委会提起上诉，二审法院发回重审，认为应将村委会和韩某列为共同被告，将刘某列为第三人。

法院对本案纠纷应如何立案处理？韩某的诉讼地位应如何确定？村委会的诉讼地位应如何确定？刘某的诉讼地位应如何确定？

参考答案

（1）因为案件存在两个不同的民事法律关系，即存在两个诉讼标的，所以法院应作为两个案件分别立案审理。一个是葡萄园承包合同纠纷案件，另一个是侵权赔偿纠纷案件。

（2）韩某在侵权诉讼中是被告，不是承包合同纠纷案件的当事人。

（3）村委会是承包合同纠纷案件中的被告，不是侵权纠纷案件的当事人。

（4）刘某是侵权纠纷案件中的原告，是承包合同纠纷案件的无独立请求权第三人。

考点04　证据与证明

考点精讲

1. 书证与物证

书证是以载体上记载或表示的内容、含义来证明案件事实的证据。物证是以载体的物理特征来证明案件事实的证据。

在取证过程中，对物证拍摄的照片仍然属于物证，而非书证。

有些证据既是书证又是物证，从不同角度会有不同的定性。例如，甲出版社与乙书店签订图书购销合同，合同履行后，乙诉甲因交付图书不合约定而违约。如果图书纸质不合约定，则图书为物证；如果图书内容不合约定，则图书为书证。

2. 视听资料与电子数据

视听资料是指利用现代科技手段制作、存储的，以声音、图像及其他视听信息等来证明案件事实的证据。

电子数据是指电子邮件、电子数据交换、网上聊天记录、博客、微博客、手机短信、电子签名、域名等形成或者存储在电子介质中的电子信息。存储在电子计算机等电子介质中的录音资料和录像资料也属于电子数据。

视听资料是以模拟信号的方式在介质上进行存储的数据，而电子数据是以数字信号的方式在介质上进行存储的数据。视听资料应限定于以模拟录音录像设备如磁带录像机、磁带录音机、胶卷相机等设备形成的数据；电子数据则更强调数据的记录方式，是指以电子方式记录的数据，即用0、1代码方式记录的数据。

3. 证人证言与鉴定意见

证人证言是指当事人之外了解案情的人向法院就自己知道的案件事实所作的陈述。未成年人或者与当事人有利害关系的人（如当事人近亲属）都可以成为证人，只是其证言的证明力可能较弱。

鉴定意见是指鉴定人运用专业知识对案件中的专门性问题进行鉴别、分析后所作出的专门性意见。注意：医院出具的医疗诊断意见书不属于鉴定意见，而是书证。

4. 当事人陈述

当事人陈述，是指当事人就案件事实向法院所作的陈述。具有专门知识的人员（专家辅助人）在法庭上就专门性问题提出的意见，视为当事人陈述。

5. 勘验笔录

勘验笔录，是指勘验人员对被勘验的现场或物品所作的客观记录。注意：交通事故现场交警按照双方责任开具的事故认定书不是勘验笔录，而是书证。

6. 证明对象及其例外

民事诉讼中的证明对象包括以下几个方面：（1）实体事实。（2）程序事实。（3）证据事实。（4）外国法和地方性法规。（5）不为常人知晓的经验法则。

下列7种事实属于不需要证明的免证事实：（1）众所周知的事实。（2）自然规律及定理、定律。（3）推定（包括根据法律规定进行的推定，根据已知事实和日常生活经验法则进行的推定）。（4）已为法院生效裁判所确认的事实。（5）已为仲裁机构生效裁决所确认的事实。（6）已为有效公证文书所证明的事实。（7）自认。自认是指一方当事人在法庭审理中或者在起诉状、答辩状、代理词等书面材料中，对于己不利的事实明确表示承认。当事人委托诉讼代理人参加诉讼的，除授权委托书明确排除的事项外，诉讼代理人的自认视为当事人的自认。当事人在场对诉讼代理人的自认明确否认的，不视为自认。自认仅限于事实。

7. 证明责任的分配规则

证明责任，是指在民事诉讼中应当由当事人对其主张的事实提供证据并予以证明，若诉讼结束时主张事实真伪不明，则由该当事人承担不利的诉讼后果。

（1）原则：谁主张，谁举证（谁主张积极事实，应对积极事实承担证明责任）。

主张法律关系存在的当事人，应对产生该法律关系的基本事实承担举证证明责任。

在一般侵权案件中，原告应当对四项侵权要件事实（行为、结果、因果关系、行为人过错）承担证明责任。

主张法律关系变更、消灭或者权利受到妨害的当事人，应对该法律关系变更、消灭或者权利受到妨害的基本事实承担举证证明责任。

（2）例外：证明责任的倒置（特殊侵权案件）。

在某些特殊侵权案件中，四大侵权要件事实中的某一要件会发生证明责任倒置，由被告承担证明责任。

行为的倒置：因新产品制造方法发明专利引起的专利侵权诉讼，由制造同样产品的单位或者个人对其产品制造方法不同于专利方法承担举证责任。

因果关系的倒置：①因环境污染引起的损害赔偿诉讼，由加害人就法律规定的免责事由及其行为与损害结果之间不存在因果关系承担举证责任。②因共同危险行为致人损害的侵权诉讼，由实施危险行为的人针对具体侵权人的确定承担举证责任。

行为人过错的倒置（民法上的过错推定原则）：奉行过错推定原则的侵权案件，便是行为人过错的证明责任发生了倒置，由被告（行为人）对其无过错承担证明责任，而非由原告对行为人过错承担证明责任。

8.证明标准

法院应当按照法定程序，全面、客观地审核证据，依照法律规定，运用逻辑推理和日常生活经验法则，对证据有无证明力和证明力大小进行判断，并公开判断的理由和结果。而在自由心证过程中，法官应遵循下述证明标准：

（1）负有证明责任一方对主张事实的证明标准。对于负有举证证明责任的当事人提供的证据，审判人员经审查并结合相关事实，确信待证事实的存在具有高度可能性的，应当认定该事实存在。

（2）反驳负有证明责任的当事人所主张事实的证明标准。对一方当事人为反驳负有举证证明责任的当事人所主张的事实而提供的证据，审判人员经审查并结合相关事实，认为待证事实真伪不明的，应当认定该事实不存在。

（3）特定事实的证明标准。当事人对于欺诈、胁迫、恶意串通事实的证明，以及对于口头遗嘱或者赠与事实的证明，审判人员确信该待证事实存在的可能性能够排除合理怀疑的，应当认定该事实存在。

牛刀小试

某医学研究所研制开发一种利用磁场作用治疗风湿病的磁性治疗仪，并取得了产品制造方法发明专利。后来，医学研究所发现甲仪器公司制造的一种风湿病治疗仪和自己的专利产品制造方法类似，认为侵犯了自己的专利产品制造方法，于是向法院起诉要求甲仪器公司停止侵权行为，并赔偿给自己造成的经济损失。在诉讼过程中，医学研究所主张了以下事实：甲仪器公司使用的产品制造方法与自己的专利方法相同，自己的经济损失达8800万元之多，甲仪器公司此举与自己的损失之间存在因果关系。但是，甲仪器公司否认了上述事实。

请分析本案中相关争议事实的证明责任归属主体。

参考答案

（1）甲仪器公司使用的产品制造方法是否与医学研究所的专利方法相同，此属于侵权构成要件事实中的"侵权行为"，该事实奉行证明责任倒置，应由被告甲仪器公司承担证明责任，即由甲仪器公司证明其产品制造方法与医学研究所的专利方法不同。

（2）甲仪器公司行为给医学研究所造成的经济损失达8800万元之多，此属于侵权结果，应由原告医学研究所承担证明责任。

（3）甲仪器公司行为与医学研究所的经济损失存在因果关系，此属于侵权要件中的"因果关系"，应由原告医学研究所承担证明责任。

考点05　第一审程序

考点精讲

1. 法院对起诉的处理

法院对起诉应当登记立案。对当场不能判定是否符合起诉条件的，应当接收起诉材料，并出具注明收到日期的书面凭证。（立案登记制）起诉符合条件的，法院应在7日内立案，并通知当事人。起诉不符合条件的，法院应在7日内裁定不予受理。法院在立案后发现起诉不符合条件的，应当裁定驳回起诉。

特殊情形：法院在立案后发现本院没有管辖权的，应裁定移送管辖，而不能驳回起诉。

2. 不予受理、驳回起诉与驳回诉讼请求的区别

	不予受理	驳回起诉	驳回诉讼请求
形式	裁定	裁定	判决
阶段	立案前	立案后	立案后且审理后
原因	不符合立案条件	不符合立案条件	在实体上不成立
后果	当事人可再起诉	当事人可再起诉	适用一事不再理，不可再起诉

3. 重复起诉不受理

重复起诉不受理，是指某个民事实体法律关系已经在法院诉讼或者已经由法院作出生效裁判，当事人再次起诉的，法院不受理（告知当事人申请再审）。针对重复起诉，法院裁定不予受理；已经受理的，裁定驳回起诉。

当事人就已经提起诉讼的事项在诉讼过程中或者裁判生效后再次起诉，同时满足下列3项条件，构成重复起诉：

（1）后诉与前诉的当事人相同。所谓"当事人相同"，是指当事人范围的同一性与重复性，既包括后诉与前诉的当事人地位相同，也包括后诉与前诉的当事人地位相反（被告诉原告）。

（2）后诉与前诉的诉讼标的相同。

（3）后诉与前诉的诉讼请求相同，或者后诉的诉讼请求实质上否定前诉裁判结果。

上述3项因素任换其一，即不构成重复起诉。比如，裁判生效后，发生新事实，一方当事人再次起诉的，此时的诉讼标的与诉讼请求实际已发生改变，法院应依法受理。

4.缺席判决的适用情形

（1）被告经传票传唤无正当理由拒不到庭或者未经法庭许可中途退庭的，可以缺席判决。

（2）法院不准许撤诉的原告，或被追加的共同原告，经传票传唤无正当理由拒不到庭或未经许可中途退庭，可缺席判决。

（3）无独立请求权第三人，经传票传唤无正当理由拒不到庭，或未经许可中途退庭的，不影响案件的审理。

未经合法传唤的程序，法院不得适用缺席判决。否则，即构成严重侵犯当事人辩论权的情形。对此违法行为，二审程序中可以裁定撤销原判、发回重审，再审程序中可以适用当事人申请再审或者检察机关提起抗诉。

5.审理障碍的处理方式

（1）延期审理（适用决定）：①必须到庭的当事人和其他诉讼参与人有正当

理由没有到庭的；②当事人临时提出回避申请的；③需要通知新证人到庭，调取新证据，重新鉴定、勘验，或需要补充调查；④其他应当延期的情形。

（2）诉讼中止（适用裁定）：①当事人死亡、丧失诉讼行为能力，或法人、其他组织终止，需确定诉讼承担人；②一方当事人因不可抗拒事由不能参加诉讼的；③本案必须以另一案的审理结果为依据，而另一案尚未审结的；④其他应中止诉讼的情形。

（3）诉讼终结（适用裁定）：①原告死亡，没有继承人，或继承人放弃诉讼权利的；②被告死亡，没有遗产，也没有应承担义务的人的；③离婚案件一方当事人死亡的；④追索赡养费、扶养费、抚养费以及解除收养关系案件的一方当事人死亡的。

牛刀小试

甲、乙两公司签订了一份电脑买卖合同，因电脑质量问题，甲公司起诉乙公司要求更换电脑并支付违约金80万元。法院经审理判决乙公司败诉，乙公司未上诉。之后，乙公司向法院起诉，要求确认该电脑买卖合同无效。

对乙公司的起诉，法院应采取何种处理方式？请说明理由。

参考答案

法院应当裁定不予受理。《民诉法解释》第247条规定："当事人就已经提起诉讼的事项在诉讼过程中或者裁判生效后再次起诉，同时符合下列条件的，构成重复起诉：（一）后诉与前诉的当事人相同；（二）后诉与前诉的诉讼标的相同；（三）后诉与前诉的诉讼请求相同，或者后诉的诉讼请求实质上否定前诉裁判结果。当事人重复起诉的，裁定不予受理；已经受理的，裁定驳回起诉，但法律、司法解释另有规定的除外。"据此，法院对重复起诉的案件应当不予受理（已受理的裁定驳回起诉）。所谓"后诉与前诉的当事人相同"，是指当事人范围的同一性与重复性，既包括后诉与前诉的当事人地位相同，也包括后诉与前诉的当事人地位相反（被告诉原告）。在本案中，后诉为乙公司起诉甲公司合同无效，当事人与前诉相同，诉讼标的也与前诉相同（同一个合同关系），且后诉的诉讼请求（确认合同无效）实质上否定了前诉裁判结果（违约的认定必须基于合同有效）。因此，构成了重复起诉。故法院应当裁定不予受理。

考点06　第二审程序

考点精讲

1. 合法的上诉人与被上诉人

（1）上诉人的范围。

一审中的原告、被告、有独立请求权第三人以及被判决承担责任的无独立请求权第三人都可成为上诉人。

上述主体的法定代理人可以提起上诉，但委托代理人代理上诉必须经过特别授权。

未被判决承担责任的无独立请求权第三人不享有上诉权。

（2）上诉人与被上诉人的确定。

双方当事人和第三人都提出上诉的，均为上诉人。

必要共同诉讼人中的一人或者部分人提出上诉的，按下列情况处理：①该上诉是对与对方当事人之间权利义务分担有意见，不涉及其他共同诉讼人利益的，对方当事人为被上诉人，未上诉的同一方当事人依原审诉讼地位列明。②该上诉仅对共同诉讼人之间的权利义务分担有意见，不涉及对方当事人利益的，未上诉的同一方当事人为被上诉人，对方当事人依原审诉讼地位列明。③该上诉对双方当事人之间以及共同诉讼人之间的权利义务承担有意见的，未提出上诉的其他当事人均为被上诉人。

2.合法的上诉客体

上诉客体，是指当事人依法行使上诉权，请求上一级法院予以纠正的判决、裁定。

（1）判决：一审判决可以上诉，其中也包括二审法院发回重审后的判决和按照一审程序对案件再审后的判决。

例外：最高人民法院一审判决、小额诉讼判决、确认婚姻效力判决、特别程序和公示催告程序的判决不可上诉。

（2）裁定：少数裁定可以上诉，包括不予受理、驳回起诉、管辖权异议的裁定。

（3）法院调解书和决定书不可以上诉。

3.二审程序审理范围

原则上，二审法院应对上诉请求的有关事实和适用法律进行审查。但如果发现在上诉请求以外原判违反法律禁止性规定、侵害国家社会公共利益或他人利益的，也应予以纠正。

4.二审调解中的特殊情形

（1）调解不成发回重审的情形：①对当事人在一审中已经提出的诉讼请求，原审法院未作审理、判决的，二审法院可以进行调解，调解不成的，发回重审。②必须参加诉讼的当事人或者有独立请求权的第三人在一审中未参加诉讼，二审法院对其可以予以调解，调解不成的，发回重审。③一审判决不准离婚的案件，上诉后二审法院认为应当判决离婚的，可以根据当事人自愿原则，与子女抚养、财产问题一并调解，调解不成的，发回重审。经双方当事人同意的，二审法院可一并进行审理。

（2）调解不成告知另行起诉的情形：二审中原审原告增加独立的诉讼请求或原审被告提出反诉的，二审法院可以就新增加的诉讼请求或反诉进行调解，调解不成的，告知当事人另行起诉。经双方当事人同意的，二审法院可一并进行审理。

5.二审和解

在二审中当事人可以和解，达成和解协议的，有请求制作调解书和申请撤诉两种可选择的后续程序。

（1）和解转化为法院调解。在二审程序中，当事人双方达成和解协议之后，有权请求法院对双方达成的和解协议进行审查并制作调解书。此时，调解书经送达双方当事人签收之后，即产生与生效裁判相同的法律效力。

（2）申请撤诉。当事人达成和解协议之后，也可申请撤诉。二审法院经审查符合撤诉条件的，应予准许。此处的撤诉，既可是撤回起诉，也可是撤回上诉，具体要看当事人的选择。

6.二审程序对一审判决的处理方式

（1）驳回上诉，维持原判（适用判决方式）：原判认定事实清楚，适用法律正确的，判决驳回上诉，维持原判决。

（2）依法改判（适用判决方式）：原判认定事实错误或者适用法律错误的，依法改判。原判认定基本事实不清的，可以在查清事实后改判。

（3）撤销原判，发回重审（适用裁定方式，重审后可上诉；但发回重审只得一次）：原判认定基本事实不清的，可以裁定撤销原判，发回重审。原判严重违反法定程序的，裁定撤销原判，发回重审。

严重违反法定程序的情形：①遗漏当事人。②违法缺席判决。③审判组织的组成不合法。④应当回避的审判人员未回避。⑤无诉讼行为能力人未经法定代理人代为诉讼。⑥违法剥夺当事人辩论权利。

（4）撤销原判，驳回起诉（适用裁定方式）：法院依照二审程序审理的案件，认为依法不应由法院受理的，可以由二审法院直接裁定撤销原判，驳回起诉。

牛刀小试

林立、李同以及李同的妻子周翠曾经合伙在B市A县开了一家饭店，盈利60万元，尚欠债务30万元。由于林立与李同夫妻在分摊利润和偿还债务问题上产生纠纷，林立起诉了李同，请求人民法院解除合伙经营的合同关系。此案由A县人民法院适用独任制进行了审理，法院判决解除合伙关系。李同不服，向B市中级人民法院提起上诉。二审法院指派三名审判员与一名陪审员组成合议庭进行了审理。

一、二审法院在诉讼程序上有何不当之处？二审法院对本案应如何处理？

参考答案

（1）一审法院在审理该案时，遗漏了必要共同诉讼的原告（李同的妻子周翠），属于重大的程序违法。二审法院由四人组成合议庭是错误的，而且也不能适用陪审员。根据《民事诉讼法》之规定，人民法院审理第二审民事案件，由审判员组成合议庭，合议庭的人数必须是单数。

（2）针对一审遗漏当事人的程序违法情形，二审法院不能直接作出判决，可适用发回重审予以处理。根据《民诉法解释》第325条的规定："必须参加诉讼的当事人或者有独立请求权的第三人，在第一审程序中未参加诉讼，第二审人民法院可以根据当事人自愿的原则予以调解；调解不成的，发回重审。"因此，二审法院对本案可调解，调解不成，应当裁定撤销原判、发回重审。

考点07　再审程序

考点精讲

1. 法院启动再审

（1）本院自行再审：各级法院院长对本院生效判决、裁定、调解书，发现确有错误，认为需要再审的，应提交审判委员会讨论决定。

（2）最高人民法院或上级法院的提审：最高人民法院对地方各级法院已生效的判决、裁定、调解书，上级法院对下级法院已生效的判决、裁定、调解书，发现确有错误的，有权提审。

2. 当事人申请再审

（1）申请再审的法定事由

证据问题	有新的证据，足以推翻原判决、裁定的
	原判决、裁定认定的基本事实缺乏证据证实的
	原判决、裁定认定事实的主要证据是伪造的
	原判决、裁定认定事实的主要证据未经质证的
	对审理案件需要的主要证据，当事人因客观原因不能自行收集，书面申请人民法院调查收集，人民法院未调查收集的

续表

法律问题	实体法	原判决、裁定适用法律确有错误的
	程序法	审判组织的组成不合法或依法应当回避的审判人员没有回避的
		无诉讼行为能力人未经法定代理人代为诉讼或者应当参加诉讼的当事人，因不能归责于本人或其诉讼代理人的事由，未参加诉讼的
		违反法律规定，剥夺当事人辩论权利的
		未经传票传唤，缺席判决的
诉讼请求		原判决、裁定遗漏或者超出诉讼请求的（当事人未对一审裁判遗漏或超出诉讼请求提起上诉的除外）
裁判依据		据以作出原判决、裁定的法律文书被撤销或者变更的
职业道德		审判人员在审理该案时有贪污受贿、徇私舞弊、枉法裁判行为的

（2）申请再审的时限：当事人申请再审，通常应在判决、裁定、调解书生效后6个月内提出。

（3）申请法院：向上一级法院书面申请再审。但是，当事人一方人数众多或双方为公民的案件，可选择向原审法院或上一级法院申请再审。

（4）再审法院：因当事人申请裁定再审的案件由中级法院以上的法院审理。当事人一方人数众多或双方为公民的案件，当事人选择向基层法院申请再审的，由基层法院审理。

3.抗诉和检察建议的事由

（1）认定基本事实的证据或证明程序存在严重错误：①有新的证据，足以推翻原判决、裁定的。②原判决、裁定认定的基本事实缺乏证据证明的。③原判决、裁定认定事实的主要证据是伪造的。④原判决、裁定认定事实的主要证据未经质证的。但当事人在原审中拒绝发表质证意见或者质证中未对证据发表质证意见的除外。⑤对审理案件需要的主要证据，即人民法院认定案件基本事实所必需的证据，当事人因客观原因不能自行收集，书面申请人民法院调查收集，人民法院未调查收集的。

（2）原审审理程序存在严重错误：①审判组织的组成不合法或者依法应当回避的审判人员没有回避的。②无诉讼行为能力人未经法定代理人代为诉讼或者应当参加诉讼的当事人，因不能归责于本人或者其诉讼代理人的事由，未参加诉讼的。③违反法律规定，剥夺当事人辩论权利的。④未经传票传唤，缺席判决的。⑤原判决、裁定遗漏或者超出诉讼请求的。但当事人未对一审判决、裁定遗漏或者超出诉讼请求提起上诉的除外。

（3）原判决、裁定适用法律确有错误的。

（4）据以作出原判决、裁定的法律文书被撤销或者变更。

（5）原审审判人员在审理该案时存在贪腐枉法行为。

（6）调解书损害国家利益、社会公共利益。

4.再审程序的进行

（1）再审程序对原裁判执行程序的影响：法院决定再审的，应当裁定中止执行。"四费一酬一金案件"可以不中止执行：追索赡养费、扶养费、抚养费、抚恤金、医疗费、劳动报酬的案件。

（2）程序的选择：原来是一审的，按一审程序审理，所作裁判可以上诉；原来是二审的或者上级法院提审的，按二审程序审理，所作裁判是终审，不可上诉。

（3）审判组织：审理再审案件必须适用合议制，且另行组成合议庭，原合议庭成员不得参加。

5.再审程序的审理范围

（1）私权处分原则在再审程序中的体现：再审法院审理再审案件应当围绕再

审申请人有关事实和适用法律等主张进行审理。但是，法院经再审发现生效裁判损害国家利益、社会公共利益、他人合法权益情形的，应当一并予以审理。

（2）再审程序之纠错功能的体现：当事人的再审请求超出原审诉讼请求的，不予审理；符合另案诉讼条件的，告知当事人可以另行起诉。

6.再审程序对遗漏当事人的处理

（1）遗漏必要共同诉讼人：必须共同进行诉讼的当事人有证据证明其因不能归责于本人或者其诉讼代理人的事由未参加诉讼的，可以申请再审。按照一审程序再审的，应当追加其为当事人，作出新判决；按照二审程序再审，经调解不能达成协议的，应当撤销原判，发回重审，重审时应追加其为当事人。

（2）遗漏第三人：在原案生效后，第三人提起撤销之诉（相当于原案遗漏了第三人），法院又启动再审程序的，第三人撤销之诉并入再审程序，且处理方式同（1）所述。有证据证明原审当事人恶意串通损害第三人合法权益的，法院应先行审理第三人撤销之诉案件，裁定中止再审诉讼。

牛刀小试

孙某因借款合同纠纷向A市B区人民法院起诉，要求人民法院判决被告李某返还借款10万元。一审法院判决后，孙某在上诉期内不服，提出上诉。A市中级人民法院依法审理此案，经双方同意，二审法院进行调解，达成了协议。如果李某签收二审调解书后，发现调解书不符合自己的真实意愿，向省高级人民法院申请再审。此时，孙某已经向B区法院申请启动了执行程序。

省高级人民法院进行审查时，发现调解书确有错误，可否直接裁定撤销该调解书？为什么？如果一审判决后，孙某没有上诉，而是在上诉期满后申请再审。则法院启动再审程序之后应按何种程序审理？

参考答案

（1）法院不能直接裁定撤销生效的调解书，而应是先裁定中止调解书的执行，决定自己提审或者指令下级人民法院再审。只有经过再审，确定原法律文书中确有错误，才可以在新的法律文书中裁定撤销原生效法律文书。

（2）根据《民事诉讼法》的规定，因当事人申请裁定再审的案件由中级法院以上的法院审理；当事人一方人数众多或双方为公民的案件，当事人选择向基层法院申请再审的，由基层法院审理。因此，本案双方当事人皆为公民，申请再审启动程序之后可能由B区法院再审，也可能由A市中院再审。若由B区法院再审的，按照第一审程序审理，所作的判决、裁定可以上诉；若由A市中院再审的，则构成了提审，此时应按第二审程序审理，所作的判决、裁定为生效裁判，不能上诉。

考点08 执行程序

考点精讲

1. 当事人、利害关系人对执行行为的异议

（1）对执行行为的异议，是指当事人、利害关系人对法院的执行行为提出异议，要求法院变更或停止执行行为的请求。该异议在审查和复议期间，不停止执行程序。

（2）异议的对象：①查封、扣押、冻结、拍卖、变卖、以物抵债、暂缓执行、中止执行、终结执行等执行措施中存在的程序违法行为。②执行的期间、顺序等未遵守法定程序。③法院作出的其他侵害当事人、利害关系人合法权益的行为。

（3）异议的提出主体：只限于案件的当事人和利害关系人，其中利害关系人是指当事人以外认为执行法院的程序性事项存在违法性且损害其利益的人。

（4）异议的管辖法院：执行法院。

2.法院的审理

书面执行行为异议提出后，人民法院应当组成合议庭予以审查，并在执行终结前作出裁定。具体而言，应当自收到异议之日起15日内审查完毕作出裁定：理由不成立的，裁定驳回；理由成立的，裁定撤销或者变更执行行为，如果执行行为无撤销变更内容的，直接裁定异议成立。

3.不服裁定的救济

当事人和利害关系人如果对裁定不服，还可以自裁定送达之日起10日内向上一级人民法院提出书面复议。上一级法院应当组成合议庭，自收到复议申请之日起30日内审查完毕，作出裁定。有特殊情况需要延长的，经本院院长批准，可以延长，延长的期限不得超过30日。经过复议审查，认为：（1）异议裁定认定事实清楚，适用法律正确，结果应予维持的，裁定驳回复议申请，维持异议裁定；（2）异议裁定认定事实错误，或者适用法律错误，结果应予纠正的，裁定撤销或者变更异议裁定；（3）异议裁定认定基本事实不清、证据不足的，裁定撤销异议裁定，发回作出裁定的人民法院重新审查，或者查清事实后作出相应裁定；（4）异议裁定遗漏异议请求或者存在其他严重违反法定程序的情形，裁定撤销异议裁定，发回作出裁定的人民法院重新审查。人民法院对发回重新审查的案件作出裁定后，当事人、利害关系人申请复议的，上一级人民法院复议后不得再次发回重新审查。

执行异议审查和复议期间，不停止执行。被执行人、利害关系人提供充分、有效的担保请求停止相应处分措施的，人民法院可以准许；申请执行人提供充分、有效的担保请求继续执行的，应当继续执行。

4. 案外人对执行标的的异议

案外人对执行标的的异议，是指在执行过程中，案外人对被执行财产主张实体权利（如所有权、抵押权等）。

案外人申请再审与第三人撤销之诉的竞合（二者择一）：

（1）第三人提起撤销之诉后，生效裁判未中止执行的，执行法院对第三人提出的执行异议（案外人对执行标的的异议）应予审查。第三人不服驳回执行异议裁定，申请对原裁判再审的，法院不予受理。

（2）在执行程序中，案外人对法院驳回其执行异议裁定不服，认为原裁判内容错误损害其合法权益的，应当根据《民事诉讼法》第238条规定申请再审，提起第三人撤销之诉的，法院不予受理。

5. 执行异议之诉

（1）管辖法院：执行法院。

（2）当事人（以案外人与申请执行人的争议为主线）：①案外人提起执行异议之诉的，以申请执行人为被告。被执行人反对案外人异议的，被执行人为共同被告。被执行人不反对案外人异议的，可列被执行人为第三人。②申请执行人提起执行异议之诉的，以案外人为被告。被执行人反对申请执行人主张的，以案外人和被执行人为共同被告。被执行人不反对申请执行人主张的，可列被执行人为第三人。

（3）起诉时间：在相关案件执行程序终结前提出，且自执行异议裁定送达之日起15日内提起。

6. 执行和解

执行和解，指在法院执行过程中，双方当事人经过自愿协商，达成协议，结束执行程序的活动。

（1）代位执行：①【依申请】经申请执行人或被执行人申请，法院可执行被执行人对他人的到期债权，作出冻结债权的裁定并通知该他人向申请执行人履行。②【次债务人异议】该他人对到期债权有异议，不得代位执行。该他人不得对生效法律文书确定的到期债权提出异议。

（2）执行回转：①据以执行的法律文书被法院或其他有关机关撤销或变更；②必须具有作为执行根据的新的生效法律文书；③已经获得执行所得的人拒不返还其所得财产；④法院可依职权或依当事人申请进行。

牛刀小试

A公司和B公司于2018年10月签订一份钢材买卖合同，合同标的额5000万元，买方B公司在受领A公司交付的标的物后，经营严重亏损，致使该公司无法按照约定的时间交付货款。双方当事人就合同履行发生争议。后A公司起诉到法院，一审判决A公司胜诉，且一审判决生效。B公司逾期未履行法院生效判决书，A公司申请了强制执行。经查，B公司在某城市有房产一处，价值500万元，在甲银行有存款700万元，对某一经过核准登记并领取营业执照但不具有法人资格的乡镇企业享有债权200万元，由于该乡镇企业拒绝履行债务，B公司已经对其提起诉讼，并获得胜诉判决，但是还未申请强制执行。同时，基于其他民事关系，B公司对该乡镇企业的某处房产享有抵押物权，数额为50万元。但是该乡镇企业同第三人发生经济纠纷诉讼，乡镇企业所有的上述房产已经被采取财产保全措施；在该诉讼中，乡镇企业败诉，现正在被人民法院采取强制执行措施。该乡镇企业的财产已经不足以清偿其全部债权。此外，B公司还对C公司享有到期债权100万元。

1. A公司申请强制执行，法院在对B公司在某城市拥有的房产进行强制执行时，案外第三人提出执行异议，声称其对该房产拥有所有权并向执行人员出示了有关的房产所有权证明。此时人民法院应当如何处理？

2. A公司申请强制执行，法院在对B公司在甲银行的存款进行冻结时，发现该存款已经被另一法院冻结。根据债权人平等原则，该法院又对该存款进行了冻结。上述做法是否正确？

3. 由于乡镇企业已经资不抵债，B公司对乡镇企业的胜诉判决以及其对该乡镇企业所享有的抵押物权可以通过何种执行方法获得保护？

4. A公司申请强制执行，人民法院在对B公司财产进行强制执行后仍然未能使A公司的债权获得全部清偿。此时，A公司获悉了B公司对C公司的到期债权。A公司可以针对C公司采取哪些救济措施？

参考答案

1. 执行法院应当依法对第三人提出的执行异议进行审查。在审查期间，执行法院可以查封该房产。经过审查，理由不成立的，裁定驳回异议；理由成立的，裁定中止对该标的物的执行，已经采取的执行措施应当立即解除或者撤销。如果执行异议一时很难查清楚，第三人又提供相应担保的，可以暂时不采取执行措施，已经采取执行措施的，可以解除或者撤销。如果申请执行人提供确实有效的担保，可以继续执行。

2. 上述做法不正确，法院不得重复查封或者冻结。

3. 由于该乡镇企业在民事诉讼法上属于其他组织，资不抵债，已经有债权人对该乡镇企业申请强制执行，因此，B公司可以申请参与分配：由B公司和另一债权人共同对该乡镇企业的财产进行分配，而不是申请该乡镇企业破产。

对于抵押物权的标的物，虽然被其他诉讼中采取财产保全，B公司仍然可以向执行法院主张优先受偿权。

4. A 公司享有两种救济手段：其一，基于代位执行制度，A 公司可以直接向法院申请执行对 C 公司的债权，即执行债务人对第三人享有的到期债权。因为经申请执行人或被执行人申请，法院可执行被执行人对他人的到期债权，作出冻结债权的裁定并通知该他人向申请执行人履行。其二，A 公司也可直接对 C 公司提起代位权诉讼，并基于生效判决对 C 公司申请执行。

商法

考点01　法人人格否认

考点精讲

股东滥用公司法人独立地位和股东有限责任，逃避债务，严重损害公司债权人利益的，公司人格被否认，相关股东应当对公司债务承担连带责任。

公司法人人格否认制度，在学理上也称为"揭开公司面纱"。根据《公司法》及《最高人民法院关于适用〈中华人民共和国公司法〉若干问题的规定（三）》（以下简称《公司法解释（三）》）的规定，可以适用法人人格否认制度的情形包括：

1.股东出资有瑕疵（不出资、虚假出资和抽逃出资等）时，可以适用法人人格否认制度；其中，在不出资和虚假出资的情况下，其他发起人也要连带承担否定人格责任。

2.有限责任公司的股东未履行或者未全面履行出资义务即转让股权，受让人对此知道或者应当知道的，受让人连带承担该股东因未（全面）履行出资义务而产生的相应责任，其中包括否定法人人格的连带责任。

3.名义股东对公司债权人承担否定法人人格的连带责任。

4.有限责任公司的股东、股份有限公司的董事和控股股东因怠于履行义务,导致公司主要财产、账册、重要文件等灭失,无法进行清算的,对公司债务承担连带清偿责任。

5.公司解散时,股东尚未缴纳的出资均应作为清算财产。公司财产不足以清偿债务时,未缴出资股东以及公司设立时的其他股东或者发起人在未缴出资范围内对公司债务承担连带清偿责任。

牛刀小试

原告甲公司起诉称,乙公司因欠甲公司货款100万元,该款项已被先前法院判决认定。被告吴某、童某作为被告丙厂和乙公司的股东(投资人),开的是以夫妻为股东的公司、企业,在与甲公司发生买卖业务过程中拒不支付货款,形成诉讼后又通过协议离婚方式转移公司、企业的资产,造成本案乙公司与甲公司已生效的法律文书无法执行。甲公司认为,公司企业的合法权益受法律保护,但公司企业的债权人的合法利益更应得到保护,公司股东应当遵守法律、行政法规和公司章程,依法行使股东权利,不得滥用公司法人独立地位和股东有限责任,逃避债务,严重损害公司债权人利益,公司股东应当对公司债务承担连带责任。故甲公司诉至法院,要求判令三被告对乙公司应支付给甲公司的货款100万元和法院判决确定的逾期利息及未履行生效判决的加倍迟延履行逾期支付利息承担连带付款责任。

经审理,法院认定事实如下:(1)乙公司欠甲公司货款100万元,由已生效民事判决书予以证明。(2)甲公司于2015年12月1日向法院申请执行,庭审时尚未执行终结。(3)乙公司的法定代表人为吴某,该公司由被告吴某、童某两个股东组成。被告丙厂的性质为个人独资企业。在被告吴某、童某婚姻关系存续期间,被告丙厂投资人（股权）发生变更，负责人也由葛某变更为被告童某。被告吴某、童某于2002年9月23日登记结婚，于2016年6月1日协议离婚，双方对共同财产处理、共同债权债务处理等进行约定。（4）甲公司提供以下证据：在离婚协议过程中被告吴某、童某将公司资产和应收款均转让给被告童某以及子女。离婚协议主要体现在第三点共同财产处置中：车牌号登记在公司名下的归女方所有；某县的厂房归女方所有；某县A村的5亩土地、某县B村的5亩土地归被告吴某、童某的儿子所有。共同债权债务处理中，应收款800万元归女方所有。该证据的真实性与合法性已经法庭确认。

本案中，甲公司提出的判令三被告对乙公司应支付给甲公司的货款承担连带责任的诉求能否得到支持？为什么？

参考答案

（1）乙公司是合法成立的有限责任公司，由2个以上股东组成，且不存在对乙公司资产的侵占事实。甲公司提供的证明被告吴某、童某存在转移财产、逃避债务的证据是离婚协议。但是，离婚协议中对共同债权债务均没有任何与本案乙公司有关的描述，甲公司要证明的应收款项、债权债务均指向本案乙公司没有任何事实依据。退一步讲，就如甲公司所说的这些情况指向乙公司，那么也不存在甲公司所说的转移资产、逃避债务，资产有没有转移，如果是车辆或不动产，要看物权登记。离婚协议是被告吴某、童某的内部约定，对案外人不具有约束力，并不改变该资产的实际情况。

（2）丙厂并非乙公司股东，与甲公司和乙公司之间的债权债务并不存在直接的联系，甲公司要求丙厂承担连带责任的诉求没有法律依据。

综上所述，甲公司提出的三被告吴某、童某、丙厂对乙公司债务承担连带责任的诉求不能得到支持。

考点02　公司担保

考点精讲

1.公司向其他企业投资或者为他人提供担保，按照公司章程的规定，由董事会或者股东会决议。

2.公司章程对投资或者担保的总额及单项投资或者担保的数额有限额规定的，不得超过规定的限额。

3.公司为公司股东或者实际控制人提供担保的，应当经股东会决议。该股东或者受实际控制人支配的股东，不得参加该事项的表决。该项表决由出席会议的其他股东所持表决权的过半数通过。

4.《最高人民法院关于适用〈中华人民共和国民法典〉有关担保制度的解释》第7条规定，公司的法定代表人违反《公司法》关于公司对外担保决议程序的规定，超越权限代表公司与相对人订立担保合同，人民法院应当依照《民法典》第61条和第504条等规定处理：（1）相对人善意的，担保合同对公司发生效力；相对人请求公司承担担保责任的，人民法院应予支持。（2）相对人非善意的，担保合同对公司不发生效力；相对人请求公司承担赔偿责任的，参照适用本解释第17条的有关规定。法定代表人超越权限提供担保造成公司损失，公司请求法定代表人承担赔偿责任的，人民法院应予支持。善意是指相对人在订立担保合同时不知道且不应当知道法定代表人超越权限。相对人有证据证明已对公司决议进行了合理审查，人民法院应当认定其构成善意，但是公司有证据证明相对人知道或者应当知道决议系伪造、变造的除外。

🔶 牛刀小试

银大公司成立于2015年，张一任公司董事长。公司章程规定，公司对外担保须经董事会全体一致同意方可。2016年3月22日，董事长张一以银大公司的名义为钱大公司向建设银行贷款4000万元出具了保函，提供了担保。2017年3月22日贷款到期，钱大公司无法清偿，建设银行向法院起诉，法院判决银大公司与钱大公司一起对该笔贷款4000万元本息承担连带清偿责任。银大公司称董事会并不知晓该笔担保业务事宜，该笔担保业务系董事长张一自己利用职务便利未经公司董事会决议而擅自出具，建设银行也未要求银大公司出具任何股东会或者董事会关于同意承担担保责任的决议。

董事长张一为钱大公司提供担保的行为的效力如何？为什么？

🔶 参考答案

有效。根据《民法典》第504条的规定，法人的法定代表人或者非法人组织的负责人超越权限订立的合同，除相对人知道或者应当知道其超越权限外，该代表行为有效，订立的合同对法人或者非法人组织发生效力。案情中，根据公司章程，董事会有权针对对外担保作决议，且并无证据证明债权人建设银行明知董事长超越权限，故张一虽有越权，但基于对善意第三人的保护，其代表公司签署的对外担保协议应认定为有效。

考点03 股东出资与责任

> 考点精讲

1. 股东的出资义务

公司注册资本是公司最基本的资产。确定和维持公司一定数额的资本,对于奠定公司基本的债务清偿能力,保障债权人利益和交易安全有重要意义。股东足额、全面履行出资义务是公司资本确定、维持原则的基本要求,也是公司股东最基本、最重要的义务。

有限责任公司的注册资本为在公司登记机关登记的全体股东认缴的出资额。全体股东认缴的出资额由股东按照公司章程的规定自公司成立之日起5年内缴足。

股东可以用货币出资,也可以用实物、知识产权、土地使用权、股权、债权等可以用货币估价并可以依法转让的非货币财产作价出资;但是,法律、行政法规规定不得作为出资的财产除外。对作为出资的非货币财产应当评估作价,核实财产,不得高估或者低估作价。法律、行政法规对评估作价有规定的,从其规定。

股东应当按期足额缴纳公司章程规定的各自所认缴的出资额。股东以货币出资的,应当将货币出资足额存入有限责任公司在银行开设的账户;以非货币财产出资的,应当依法办理其财产权的转移手续。股东未按期足额缴纳出资的,除应当向公司足额缴纳外,还应当对给公司造成的损失承担赔偿责任。

有限责任公司设立时,股东未按照公司章程规定实际缴纳出资,或者实际出资的非货币财产的实际价额显著低于所认缴的出资额的，设立时的其他股东与该股东在出资不足的范围内承担连带责任。

2. 出资加速到期

公司不能清偿到期债务的，公司或者已到期债权的债权人有权要求已认缴出资但未届出资期限的股东提前缴纳出资。

3. 抽逃出资及其责任

公司成立后，股东不得抽逃出资。股东抽逃出资的，应当返还抽逃的出资；给公司造成损失的，负有责任的董事、监事、高级管理人员应当与该股东承担连带赔偿责任。

公司成立后，公司、股东或者公司债权人以相关股东的行为符合下列情形之一且损害公司权益为由，请求认定该股东抽逃出资的，人民法院应予支持：（1）制作虚假财务会计报表虚增利润进行分配；（2）通过虚构债权债务关系将其出资转出；（3）利用关联交易将出资转出；（4）其他未经法定程序将出资抽回的行为。

股东抽逃出资，公司或者其他股东请求其向公司返还出资本息、协助抽逃出资的其他股东、董事、高级管理人员或者实际控制人对此承担连带责任的，人民法院应予支持。公司债权人请求抽逃出资的股东在抽逃出资本息范围内对公司债务不能清偿的部分承担补充赔偿责任、协助抽逃出资的其他股东、董事、高级管理人员或者实际控制人对此承担连带责任的，人民法院应予支持；抽逃出资的股东已经承担上述责任，其他债权人提出相同请求的，人民法院不予支持。

股东未履行或者未全面履行出资义务或者抽逃出资，公司根据公司章程或者股东会决议对其利润分配请求权、新股优先认购权、剩余财产分配请求权等股东权利作出相应的合理限制，该股东请求认定该限制无效的，人民法院不予支持。

牛刀小试

A公司注册资本400万元，有甲、乙两名股东，甲是其法定代表人，在公司任执行董事兼经理，乙为公司监事。公司章程约定：由甲货币出资300万元，持股比例为75%；由乙货币出资100万元，持股比例为25%。

2012年9月7日，甲和乙各向公司转账出资50万元。2012年9月21日，甲向公司转账出资250万元，乙向公司转账出资50万元。2012年9月18日，甲从公司账户以劳务费的名义转出50万元至甲名下。2012年9月24日，甲从公司账户以劳务费名义转出250万元至乙名下。

经查，甲、乙的出资系B公司法定代理人丙垫资，经过甲、乙及B公司账户走账，款项最终回到丙手中，丙则得到相关的资金使用费。

甲是否构成抽逃出资行为？应承担何种责任？

参考答案

甲构成抽逃出资行为，对公司承担返还抽逃出资的责任。

（1）《公司法》第53条第1款规定："公司成立后，股东不得抽逃出资。"在认定股东是否构成抽逃出资时，应看其行为是否违反了公司资本维持原则，破坏了公司法人人格独立，侵害了公司、其他股东及债权人的利益。《公司法解释（三）》第12条关于抽逃出资的情形列举中，第4项规定了"其他未经法定程序将出资抽回的行为"。这是一项兜底条款，故凡是符合抽逃出资构成要件的行为都可适用这一规定。甲担任公司法定代表人，任执行董事兼经理，其对公司财务有控制权，从公司账户以劳务费的名义将钱转出的行为无合法依据，构成抽逃出资行为。

（2）《公司法解释（三）》第14条第1款规定："股东抽逃出资，公司或者其他股东请求其向公司返还出资本息、协助抽逃出资的其他股东、董事、高级管理人员或者实际控制人对此承担连带责任的，人民法院应予支持。

考点04　股东资格

考点精讲

1.股东资格的取得

股东资格的取得以出资或经转让获得公司股份为基础，以一定的股权凭证为证明。

原始取得股东资格的对价是出资到公司的财产权。出资行为应为取得股东资格的实质性证据。股东资格的确认，首先要考量股东是否有出资、出任股东的合意。

出资行为应为取得股东资格的实质性证据，公司章程、工商登记、股东名册、出资证明等属于证明股东资格的形式化证据。虽然工商登记具有对抗效力和证权功能，但它并非一种设权程序。工商登记明确记载股东、持股份额等内容，并将相关手续和材料予以登记备案，只不过起到一种社会公示的作用，并不能改变公司股东组成的实际构成。

因此，公司内部股东之间的权属争议，应当遵照意思自治以及实质要件优先于形式要件的原则，以当事人的意思表示和实际履约行为作为确认股东资格的依据，而不能单纯依据公示主义或外观主义原则来认定。

起诉要求确认股东资格，应当以公司为被告，与案件争议股权有利害关系的人应作为第三人参加诉讼。

2. 股东资格的证明

（1）有限责任公司的股权证明。有限责任公司的股权证明有三个：出资证明书、股东名册、登记机关的股东登记。但三者效力却不同，其中出资证明书、股东名册是股东资格的证明文件，公司登记机关的登记文件不是股东资格的生效要件。不进行登记仍然可以取得股东资格，但是不具有对抗第三人的效力。

（2）股份公司的股权证明。股份有限公司比有限责任公司具有更强的公开性和股权流动的自由性，这决定了股份公司股东的资格凭证较为简单，公司在其成立后交付给股东相应的股票即可，无记名股票是股东具有股东资格、享有股权的唯一凭证。记名股票记载的是股东出具的股金，也能作为股东的证据。

3. 名义股东与实际出资人

名义股东，又称显名股东，指登记于股东名册及公司登记机关的登记文件，但事实上并没有真实向公司出资的人。实际股东，又称隐名股东，指向公司履行了出资义务，但其姓名或者名称并未记载于公司股东名册及登记机关的登记文件的人。

（1）内部关系（实际出资人与名义股东的关系）

有限责任公司的实际出资人与名义出资人订立合同，一般称为"代持协议"，约定由实际出资人出资并享有股东权益，以名义出资人为名义股东。此协议只要没有法定的无效事由，法院即认可其效力。

权益归属争议的纠纷处理。实际出资人与名义股东因股东权益的归属发生争议，实际出资人享有实际收益权。从法理上讲，实际出资人仅是委托持股协议的当事人，仅享有合同权利。按照合同相对性原理，实际出资人只能向名义股东主张合同权利，所以，在变更股东资格并取得股权之前，实际出资人不能直接向公司主张投资收益权。

（2）外部关系

和公司的关系：谁向公司履行了出资或认缴出资的义务，谁就是股东。名义股东在法律上和名义上仍是公司合法的股东。但实际出资人可根据股权转让的相关规定成为显名股东，其条件为：实际出资人请求公司变更股东、签发出资证明书、记载于股东名册、记载于公司章程并办理公司登记的，应经公司其他股东半数以上同意。

与善意第三人的关系：关于名义股东处分股权行为。名义股东将登记于其名下的股权转让、质押或者以其他方式处分，实际出资人以其对于股权享有实际权利为由，请求认定处分股权行为无效的，人民法院可以参照《民法典》善意取得的规定处理。名义股东处分股权造成实际出资人损失，实际出资人有权请求名义股东承担赔偿责任。

与债权人的关系：公司债权人以名义股东未履行出资义务为由，请求其对公司债务不能清偿的部分在未出资本息范围内承担补充赔偿责任，股东以其仅为名义股东而非实际出资人为由进行抗辩的，人民法院不予支持。名义股东根据上述规定承担赔偿责任后，可向实际出资人追偿。

4. 冒名股东与被冒名股东

冒用他人名义出资并将该他人作为股东在公司登记机关登记的，冒名登记行为人是冒名股东，被冒名者是被冒名股东。

冒名股东应当承担相应责任。公司、其他股东或者公司债权人不得以未履行出资义务为由，请求被冒名登记为股东的人承担补足出资责任或者对公司债务不能清偿部分的赔偿责任。

🔖 牛刀小试

2014年6月23日，由甲召集并主持召开A公司股东会议，经甲、乙、丙同意，一致通过公司的组织机构以及公司章程。A公司于2014年6月23日成立，工商登记时公司章程规定注册资本为100000元，股东为甲、乙、丙。

丁在公司成立前向乙账户转账汇入共计150000元，乙向丁出具收据载明：客户名称为丁，时间为2013年6月5日，品名及规格为A公司集资款（股金），金额为￥150000.00元，合计金额（大写）为壹拾伍万元，备注为占总股份4.6431%，收款人为乙，A公司在收款收据上盖章。

丁提供的2014年6月5日A公司股东清单（造册）上记载：丁的出资金额为150000元，出资比例为4.66%，出资时间为2014年6月5日，除甲未签字外，丁、乙、丙等人均在上面签字，出资金额合计为3219200元。

2014年9月14日，在A公司总费支出清单上，甲、乙、丙、丁在全体股东审查签字一栏签字按印。在A公司股份注册上记载各股东占股，甲、乙、丁在股东签字一栏签名按印，丙未签名按印。

本案中，能否认定丁为A公司的股东？为什么？A公司是否应该进行变更登记，增加丁为公司股东的登记内容？

🔖 参考答案

丁可以被认定为A公司的股东，A公司应当进行变更登记，增加丁为公司股东。

（1）《公司法解释（三）》第22条规定："当事人之间对股权归属发生争议，一方请求人民法院确认其享有股权的，应当证明以下事实之一：（一）已经依法向公司出资或者认缴出资，且不违反法律法规强制性规定……"本案中，收款收据及2014年6月5日股东清单（造册）、2014年9月14日股份注册清单系A公司对实际出资人丁出资行为及具体金额的认可。虽然A公司工商登记股东为三人，公司章程及工商登记未记载丁等实际出资人的股东身份，但工商登记内容与全体实际出资人认可的股份注册清单及股东清单（造册）显然不相符。据此，应认定丁完成了实际出资行为，并且已经全体出资人及公司认可，为A公司的股东。

（2）《公司法》第32条规定：“公司登记事项包括：……（六）有限责任公司股东、股份有限公司发起人的姓名或者名称……”《公司法》第34条规定：“公司登记事项发生变更的，应当依法办理变更登记。公司登记事项未经登记或者未经变更登记，不得对抗善意相对人。”《公司法解释（三）》第23条规定：“当事人依法履行出资义务或者依法继受取得股权后，公司未根据公司法第三十一条、第三十二条的规定签发出资证明书、记载于股东名册并办理公司登记机关登记，当事人请求公司履行上述义务的，人民法院应予支持。”A公司有义务将丁登记为股东。

考点05　股东权利

考点精讲

1. 新股优先认缴权

有限责任公司增加注册资本时，股东在同等条件下有权优先按照实缴的出资比例认缴出资。但是，全体股东约定不按照出资比例优先认缴出资的除外。

股份有限公司为增加注册资本发行新股时，股东不享有优先认购权，公司章程另有规定或者股东会决议决定股东享有优先认购权的除外。

2. 股东知情权

（1）股东知情权的内容

股东有权查阅、复制公司章程、股东名册、股东会会议记录、董事会会议决议、监事会会议决议和财务会计报告。（股份有限公司连续180日以上单独或者合计持有公司3%以上股份的股东有权查阅公司的会计账簿、会计凭证）

股东可以要求查阅公司会计账簿、会计凭证。股东要求查阅公司会计账簿、会计凭证的，应当向公司提出书面请求，说明目的。

股东及其委托的会计师事务所、律师事务所等中介机构查阅、复制有关材料，应当遵守有关保护国家秘密、商业秘密、个人隐私、个人信息等法律、行政法规的规定。

股东要求查阅、复制公司全资子公司相关材料的，适用上述规定。

（2）股东知情权的保护

公司不得以公司章程、股东之间的协议等约定的方式实质性剥夺股东依法享有的查阅或者复制公司文件材料的权利。例如，章程规定行使查账权必须"应当经全体股东所持表决权过半数同意"，这相当于实质性剥夺股东依据公司法所享有的查账权，应为无效约定。

股东依据法律规定或者公司章程的规定，可以起诉请求查阅或者复制公司特定文件材料。该诉讼的被告为公司。人民法院对原告诉讼请求予以支持的，应当在判决中明确查阅或者复制公司特定文件材料的时间、地点和特定文件材料的名录。

股东依据人民法院生效判决查阅公司文件材料的，在该股东在场的情况下，可以由会计师、律师等依法或者依据执业行为规范负有保密义务的中介机构执业人员辅助进行。

公司董事、高级管理人员等未依法履行职责，导致公司未依法制作或者保存公司文件材料，给股东造成损失的，股东可以请求负有相应责任的公司董事、高级管理人员承担民事赔偿责任。

（3）股东知情权的限制

在起诉时不具有公司股东资格的，人民法院应当驳回起诉；但原告有初步证据证明在持股期间其合法权益受到损害，请求依法查阅或者复制其持股期间的公司特定文件材料的除外。

有限责任公司的股东要求查阅公司会计账簿、会计凭证的，应当向公司提出书面请求，说明目的。公司有合理根据认为股东查阅会计账簿、会计凭证有不正当目的，可能损害公司合法利益的，可以拒绝提供查阅，并应当自股东提出书面请求之日起15日内书面答复股东并说明理由。

按照这一规定，公司拒绝股东查账的理由只能是"有合理根据认为股东查阅会计账簿、会计凭证有不正当目的的"。下列情形应当认定股东有"不正当目的"：①股东自营或者为他人经营与公司主营业务有实质性竞争关系业务的，但公司章程另有规定或者全体股东另有约定的除外；②股东为了向他人通报有关信息查阅公司会计账簿、会计凭证，可能损害公司合法利益的；③股东在向公司提出查阅请求之日前的3年内，曾通过查阅公司会计账簿、会计凭证，向他人通报有关信息损害公司合法利益的；④股东有不正当目的的其他情形。

牛刀小试

甲系乙有限责任公司股东。乙公司于2009年12月3日成立。甲分别于2016年9月9日、2016年9月30日向乙公司邮寄查阅材料申请书，表明为了更好地了解公司的经营成果和财务状况，对公司事务进行参与和监管，以便维护自身股东的合法权益，要求乙公司提供自成立至今各年度及最近一期的会计报告。2016年10月11日，乙公司向甲发出复函，要求甲明确查询范围及查阅目的，并表示会计报告需要在董事会会议上进行审议，因未到会计年度，相应工作没有开展，需要一定的准备时间。甲于2016年10月27日向乙公司邮寄对上述复函的回函，明确查询内容为会计账簿（包括序时账簿、分类账簿、备查账簿以及相关辅助性账簿），查询时间为2015年年末至2016年9月30日，查询目的为拟就持有的股份进行转让，确定公司目前的财务基本状况、初步确认股份价值。乙公司签收邮件后于2016年11月16日作出复函，仍然认为2016年会计年度未届满，尚不能提供完整的会计账簿，建议甲待公司年终会计核算工作及审计工作结束后再行查询。2016年11月29日，甲再次向乙公司发出申请，乙公司未予回应。

本案中，乙公司拒绝股东甲查询会计账簿的理由是否合法？

参考答案

1.查询公司会计账簿、会计凭证是股东知情权的法定内容。《公司法》第57条第2款规定："股东可以要求查阅公司会计账簿、会计凭证。股东要求查阅公司会计账簿、会计凭证的，应当向公司提出书面请求，说明目的。公司有合理根据认为股东查阅会计账簿、会计凭证有不正当目的，可能损害公司合法利益的，可以拒绝提供查阅，并应当自股东提出书面请求之日起十五日内书面答复股东并说明理由。公司拒绝提供查阅的，股东可以向人民法院提起诉讼。"

2.本案中，甲已多次通过邮寄申请函的方式，表达了其查阅公司账簿的请求并说明查阅账簿的目的，甲已经按照法律规定履行了查阅会计账簿的前置程序。

3.公司是股东知情权的义务主体。按照上述规定，公司拒绝股东查账的理由只能是"有合理根据认为股东查阅会计账簿有不正当目的"。本案中，乙公司提出的"因未到会计年度，未进行审计为由拒绝提供会计账簿"不能作为免除乙公司上述义务的理由，故乙公司拒绝甲行使知情权的理由不能成立。

考点06 公司决议

考点精讲

1. 公司决议的作出

（1）有限责任公司

股东会的议事方式和表决程序，除《公司法》有规定的外，由公司章程规定。股东会作出决议，应当经代表过半数表决权的股东通过。股东会作出修改公司章程、增加或者减少注册资本的决议，以及公司合并、分立、解散或者变更公司形式的决议，应当经代表2/3以上表决权的股东通过。

董事会的议事方式和表决程序，除《公司法》有规定的外，由公司章程规定。董事会会议应当有过半数的董事出席方可举行。董事会作出决议，应当经全体董事的过半数通过。董事会决议的表决，应当一人一票。董事会应当对所议事项的决定作成会议记录，出席会议的董事应当在会议记录上签名。

（2）股份有限公司

股东出席股东会会议，所持每一股份有一表决权，类别股股东除外。公司持有的本公司股份没有表决权。股东会作出决议，应当经出席会议的股东所持表决权过半数通过。股东会作出修改公司章程、增加或者减少注册资本的决议，以及公司合并、分立、解散或者变更公司形式的决议，应当经出席会议的股东所持表决权的2/3以上通过。

董事会会议应当有过半数的董事出席方可举行。董事会作出决议，应当经全体董事的过半数通过。董事会决议的表决，应当一人一票。董事会应当对所议事项的决定作成会议记录，出席会议的董事应当在会议记录上签名。

2.股东针对公司决议之诉

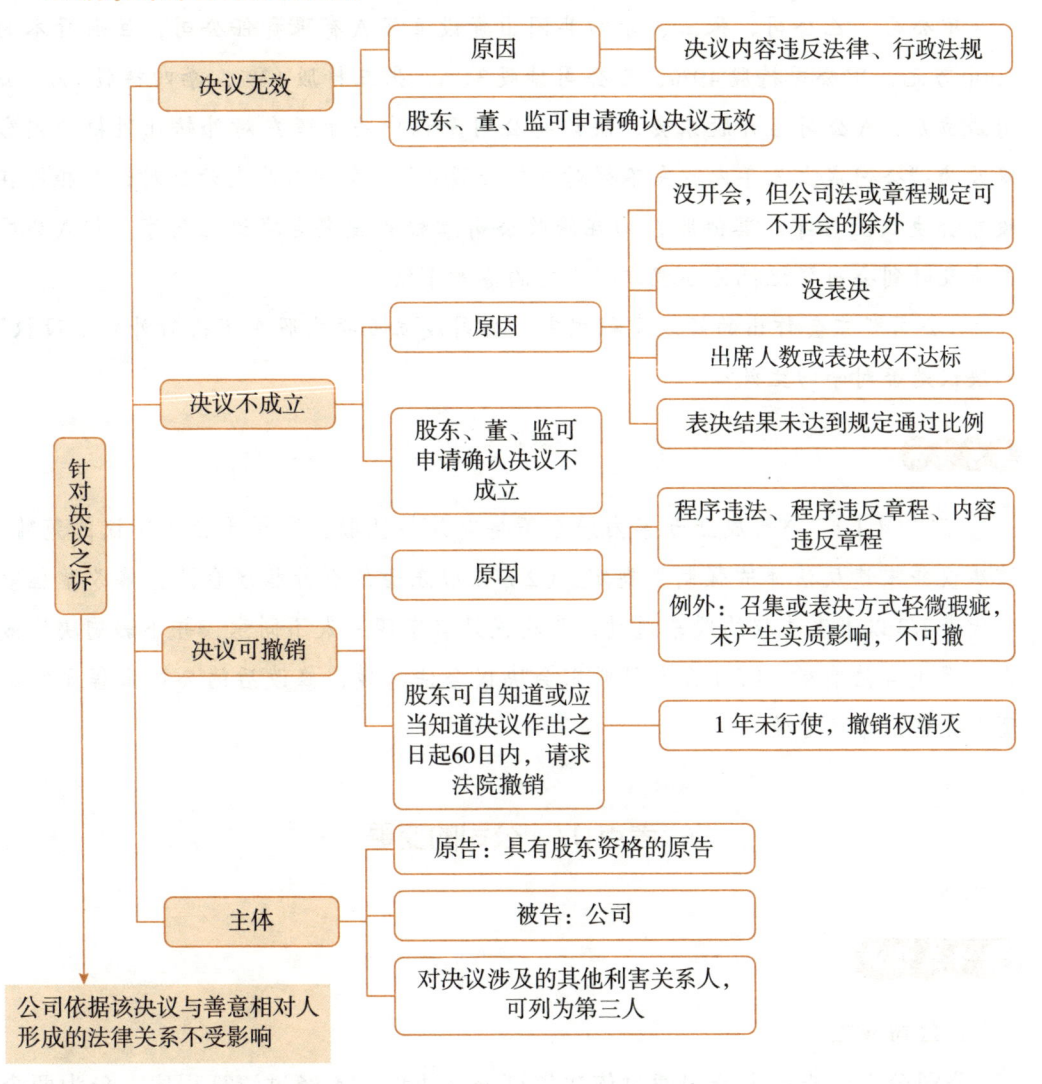

针对决议之诉
- 决议无效
  - 原因：决议内容违反法律、行政法规
  - 股东、董、监可申请确认决议无效
- 决议不成立
  - 原因：
    - 没开会，但公司法或章程规定可不开会的除外
    - 没表决
    - 出席人数或表决权不达标
    - 表决结果未达到规定通过比例
  - 股东、董、监可申请确认决议不成立
- 决议可撤销
  - 原因：
    - 程序违法、程序违反章程、内容违反章程
    - 例外：召集或表决方式轻微瑕疵，未产生实质影响，不可撤
  - 股东可自知道或应当知道决议作出之日起60日内，请求法院撤销 —— 1年未行使，撤销权消灭
- 主体
  - 原告：具有股东资格的原告
  - 被告：公司
  - 对决议涉及的其他利害关系人，可列为第三人

公司依据该决议与善意相对人形成的法律关系不受影响

🖊 牛刀小试

甲公司、乙公司、张三、李四共同出资设立了A有限责任公司，注册资本为3000万元，甲公司持股49%、乙公司持股31%、张三持股13%、李四持股7%。公司成立后，A公司召开股东会，决议将公司章程中关于股东对外转让股权的内容修改为"公司成立五年内股东不得对外转让股权"。李四对此表示反对，并拒绝在股东会决议上签字。其他股东均在修改公司章程的股东会决议上签字。但A公司并未及时到公司登记机关办理章程变更的备案手续。

A公司股东会作出的修改章程规定"公司成立五年内股东不得对外转让股权"的决议是否对李四生效？

📝 参考答案

有效。（1）"公司成立五年内股东不得对外转让股权"属于公司决议的范畴，该决议并未违反法律的强制性规定。（2）该股东会的召开程序合法，修改章程需经代表2/3以上表决权的股东通过，此决议只有李四一人不同意，并不影响决议效力，因此合法有效。（3）A公司股东会决议合法有效，修改后的公司章程无须办理变更登记即可生效。

考点07　公司的变更

🌐 考点精讲

1. 公司分立

公司分立，指一个公司通过依法签订分立协议，不经过清算程序，分为两个或两个以上公司的法律行为。

公司分立的程序：股东会2/3以上多数表决权通过作出决议；签订分立协议；编制资产负债表和财产清单；分立决议之日起10日内通知债权人，并且应30日内在报纸或者国家企业信用信息公示系统上公告；办理分立登记手续。

公司分立的后果：派生分立时，原公司仍然存在，不发生解散；新设分立时，原公司不存在，发生解散。在公司分立过程中，股东在决议上的签名为其作为公司股东履行职务的行为，相应的权利、义务和法律后果亦应由公司承担。分立前的债权债务由分立后的存续公司法定概括承继，即享有连带债权、承担连带责任，但公司分立前与债权人就债务清偿达成书面协议另有约定的除外。注意上述协议是由分立的公司在分立前与债权人达成的，还是分立后的公司与债权人达成的，二者效力不同。

2. 公司减资

减资程序：（1）决议。股东会作出决议，需要2/3以上多数表决权通过。（2）编制资产负债表及财产清单。（3）通知和公告。公司应当自作出减资决议之日起10日内通知债权人，并于30日内在报纸上或者国家企业信用信息公示系统公告。（4）清偿与担保。债权人自接到通知之日起30日内，未接到通知的自公告之日起45日内，有权要求公司清偿债务或者提供相应担保。（5）办理变更登记。

3. 公司增资

有限责任公司增加注册资本时，股东在同等条件下有权优先按照实缴的出资比例认缴出资。但是，全体股东约定不按照出资比例优先认缴出资的除外。

股份有限公司为增加注册资本发行新股时，股东不享有优先认购权，公司章程另有规定或者股东会决议决定股东享有优先认购权的除外。

牛刀小试

黄某、王某、胡某某、刘某、张某某原系A公司股东。2003年5月6日，上述5名股东召开公司分立股东会议，作出如下决议：股东一致同意公司分立，分立后存续方为A公司，分出方为B公司。存续方的股东为刘某、张某某，分出方的股东为黄某、王某、胡某某。

之后，上述5名股东又签订了确认函，约定对A公司的无形资产和厂房实行捆绑处置，以及价款分期支付的具体时间和迟延付款的违约金计算标准。

分立后的存续方A公司与分出方B公司于2003年11月17日经工商行政管理局核准分立变更登记和设立登记。

其后，黄某、王某、胡某某要求刘某、张某某及A公司支付迟延支付资产分割款的违约金未果，遂向法院起诉，请求法院判令刘某、张某某向黄某、王某、胡某某支付违约金67703.21元。

一审法院认为：黄某、王某、胡某某与本案并无直接的利害关系，黄某、王某、胡某某的起诉不符合受理条件，遂作出驳回黄某、王某、胡某某的起诉的裁定。

黄某、王某、胡某某不服该裁定，提起上诉，主张本案属于股权收益转让合同纠纷，根据合同相对性原则其为适格原告。故请求二审法院撤销原审法院民事裁定，指令原审法院继续审理本案，并作出实体判决。二审法院于2006年6月裁定驳回上诉，维持原审裁定。

请分析法院裁定"驳回黄某、王某、胡某某的起诉"的理由和依据。

参考答案

1.关于股东会决议。在2003年5月6日A公司分立股东会的决议内容显示了原

A公司股东决定公司派生分立的意思表示。2003年11月17日，工商行政管理局也按照股东会决议的内容，核准了A公司的分立变更登记和B公司设立登记，A公司的分立行为已依法定程序完成。

股东会决议不能认定为股权收益转让合同。A公司的分立不仅导致股东与股权的变动，还导致公司资产的分割，分立后A公司注册资本减少，B公司设立，以及B公司应对原A公司对外的债权债务承担连带责任等法律后果，此与单一股权转让行为的性质和法律后果有所不同。因此，黄某、王某、胡某某主张本案属于股权收益转让合同纠纷，这一观点是不成立的。

2.关于"确认函"。由于签订该确认函时A公司的股东仍为黄某、王某、胡某某、刘某、张某某五人，此时B公司尚未成立，属于设立中的公司，可以进行与其设立相关的民事活动。因此，刘某、张某某代表分立后的A公司，黄某、王某、胡某某代表设立中的B公司，对原A公司分立的资产分割问题进行约定，其产生的权利义务关系应由分立后的A公司与设立后的B公司各自承担。

3.关于诉讼资格。由于原A公司在分立后仍然存续，其具有与股东财产相分离的独立财产权，故黄某、王某、胡某某无权以股东身份就两公司在资产分割过程中的权利义务提出主张。

综上所述，股东在公司分立过程中各合同上的签名为其作为公司股东履行职务的行为，而非黄某、王某、胡某某、刘某、张某某5名股东之间的个人行为，相应的权利、义务亦应由公司承担。黄某、王某、胡某某与本案并无直接利害关系，其起诉不符合受理条件。法院驳回黄某、王某、胡某某的起诉处理得当。

考点08　股权转让

考点精讲

1. 对内转让的规则

有限责任公司的股东相互之间可以自由转让股权。可以转让全部股权（转让方退出公司），也可以转让部分股权（转让方仍保留股东身份，只是股权比例发生变化）。

2. 对外转让的规则

股东向股东以外的人转让股权的，应当将股权转让的数量、价格、支付方式和期限等事项书面通知其他股东，其他股东在同等条件下有优先购买权。

股东自接到书面通知之日起30日内未答复的，视为放弃优先购买权。

两个以上股东行使优先购买权的，协商确定各自的购买比例；协商不成的，按照转让时各自的出资比例行使优先购买权。

公司章程对股权转让另有规定的，从其规定。

3. 股权回购

（1）股东的股权收购请求权

有下列情形之一的，对股东会该项决议投反对票的股东可以请求公司按照合理的价格收购其股权：（1）公司连续5年不向股东分配利润，而公司该5年连续盈利，并且符合《公司法》规定的分配利润条件；（2）公司合并、分立、转让主要财产；（3）公司章程规定的营业期限届满或者章程规定的其他解散事由出现，股东会通过决议修改章程使公司存续。

自股东会决议作出之日起60日内，股东与公司不能达成股权收购协议的，股东可以自股东会决议作出之日起90日内向人民法院提起诉讼。

公司的控股股东滥用股东权利，严重损害公司或者其他股东利益的，其他股东有权请求公司按照合理的价格收购其股权。

（2）公司主动回购

有限责任公司与股份有限公司在法律约束的严格程度方面存在较大差异。由于有限责任公司的人合性和封闭性特征，法律允许其享有较多的自治权，公司章程可以对许多重要事项作出约定。例如，由公司章程对公司股东转让股权作出某些限制性规定，系公司自治的体现，因此，有限责任公司的章程对股权转让进行限制的约定就是法律允许的。又如，有限责任公司章程明确约定公司回购条款，只要不违反公司法等法律强制性规定，可认定为有效，人民法院应予支持。这与《公司法》第162条规定的"公司不得收购本公司股份"显然有较大区别。

4.自然人股东资格的继承

自然人股东死亡后，其合法继承人可以继承股东资格；但是，公司章程另有规定的除外。

5.股权强制执行

人民法院依照法律规定的强制执行程序转让股东的股权时，应当通知公司及全体股东，其他股东在同等条件下有优先购买权。

其他股东自人民法院通知之日起满20日不行使优先购买权的，视为放弃优先购买权。

6.股权善意取得

《公司法解释（三）》第7条第1款规定："出资人以不享有处分权的财产出资，当事人之间对于出资行为效力产生争议的，人民法院可以参照民法典第三百一十一条的规定予以认定。"

《民法典》第311条规定："无处分权人将不动产或者动产转让给受让人的，所有权人有权追回；除法律另有规定外，符合下列情形的，受让人取得该不动产或者动产的所有权：（一）受让人受让该不动产或者动产时是善意；（二）以合理的价格转让；（三）转让的不动产或者动产依照法律规定应当登记的已经登记，不需要登记的已经交付给受让人。受让人依据前款规定取得不动产或者动产的所有权的，原所有权人有权向无处分权人请求损害赔偿。当事人善意取得其他物权的，参照适用前两款规定。"

7. 股权让与担保

让与担保是指债务人或第三人为担保债务的履行，将担保物的所有权移转于担保权人，债务清偿后，担保物应返还于债务人或第三人；债务不获清偿时，担保权人得就该担保物优先受偿的一种非典型担保形式。

《最高人民法院关于适用〈中华人民共和国民法典〉有关担保制度的解释》第69条规定："股东以将其股权转移至债权人名下的方式为债务履行提供担保，公司或者公司的债权人以股东未履行或者未全面履行出资义务、抽逃出资等为由，请求作为名义股东的债权人与股东承担连带责任的，人民法院不予支持。"

牛刀小试

上海A公司、阮某、法国B公司、德国C公司（以下简称合资四方）签订《中外合资企业合同》1份，拟成立甲公司（属于中外合资经营企业）。

合同第五章约定：公司注册资本为322.58万美元折合人民币2000万元，其中阮某出资人民币20万元折合3.2258万美元，占注册资本的1%。出资额在公司签发营业执照后2年内分批到位。

2013年11月28日，甲公司取得营业执照后登记成立。公司成立后，阮某作为股东于2013年12月20日将5万元出资款缴付至公司账户。阮某因病于2015年3月9日死亡，阮某的继承人有魏某（阮某妻子）、阮子、阮母。甲公司章程未约定股东死亡后的股东资格和股权的处理问题，三位继承人也均未明确表示放弃股权和股东资格的继承。

甲公司成立后2年内，除阮某外的其他公司股东依照《中外合资企业合同》及公司章程的约定将认缴的出资全部缴付至甲公司账户，阮某除首笔缴付5万元出资款后，对余款15万元一直未予缴付，阮某死亡后，阮某的继承人亦未在规定期间缴付，甲公司于2015年11月16日向阮某的继承人作出通知书，要求其在2015年11月30日前将尚未缴付的出资款15万元本金和利息300元缴付至公司账户，但魏某、阮子、阮母未将差欠的认缴出资款缴付至公司账户，亦未作出是否缴付的意思表示。

1. 假如A公司提出优先受让阮某的股权和股东资格，应该如何办理？
2. 甲公司要求支付未缴纳认缴出资的本金和利息的诉求是否有法律依据？
3. 作为甲公司的法律顾问，你还可以提出怎样的建议，从而实现甲公司的诉求？

参考答案

1.《最高人民法院关于适用〈中华人民共和国公司法〉若干问题的规定（四）》第16条规定："有限责任公司的自然人股东因继承发生变化时，其他股东主张依据公司法第七十一条第三款规定行使优先购买权的，人民法院不予支持，但公司章程另有规定或者全体股东另有约定的除外。"

本案中，甲公司章程未约定股东死亡后的股东资格和股权的处理问题，也就是章程没有另外的规定，因此，A公司不能优先受让阮某的股东资格和股权。

2. 魏某、阮子、阮母继受取得公司股东资格，成为甲公司的股东后，不仅享有股东的权利，承担股东的义务，还应该承担全面履行出资的义务，足额缴付剩余的出资款。

《公司法》第49条规定："股东应当按期足额缴纳公司章程规定的各自所认缴的出资额。股东以货币出资的，应当将货币出资足额存入有限责任公司在银行开设的账户；以非货币财产出资的，应当依法办理其财产权的转移手续。股东未按期足额缴纳出资的，除应当向公司足额缴纳外，还应当对给公司造成的损失承担赔偿责任。"

《公司法解释（三）》第13条第1款规定："股东未履行或者未全面履行出资义务，公司或者其他股东请求其向公司依法全面履行出资义务的，人民法院应予支持。"

按照上述规定，股东未全面履行出资义务时，只需向公司足额缴纳出资，并向已按期足额缴纳出资的股东承担违约责任，故甲公司要求魏某、阮子、阮母支付利息的诉讼请求，不予支持。

3.《公司法解释（三）》第13条第3款规定："股东在公司设立时未履行或者未全面履行出资义务，依照本条第一款或者第二款提起诉讼的原告，请求公司的发起人与被告股东承担连带责任的，人民法院应予支持；公司的发起人承担责任后，可以向被告股东追偿。"

本案中，甲公司设立时的发起人包括A公司、阮某、B公司、C公司，他们之间相当于合伙关系，甲公司可以要求另外三个发起人对阮某未全面履行的出资义务承担连带责任。

行政法与行政诉讼法

考点01　行政许可

考点精讲

1.行政许可，是指行政机关根据公民、法人或者其他组织的申请，经依法审查，准予其从事特定活动的行为。有关行政机关对其他机关或者对其直接管理的事业单位的人事、财务、外事等事项的审批，不属于行政许可。

2.除法律、行政法规、地方性法规、国务院决定和省级政府规章外，其他规范性文件一律不得设定行政许可。地方性法规和省级政府规章，不得设定应当由国家统一确定的公民、法人或者其他组织的资格、资质的行政许可；不得设定企业或者其他组织的设立登记及其前置性行政许可。设定行政许可，应当规定行政许可的实施机关、条件、程序、期限。

3.法规、规章可以在上位法设定的行政许可事项范围内，对实施该行政许可作出具体规定。法规、规章对实施上位法设定的行政许可作出的具体规定，不得增设行政许可；对行政许可条件作出的具体规定，不得增设违反上位法的其他条件。

4.法律、法规、规章规定实施行政许可应当听证的事项，或者行政机关认为需要听证的其他涉及公共利益的重大行政许可事项，行政机关应当向社会公告，并举行听证。行政许可直接涉及申请人与他人之间重大利益关系的，行政机关在作出行政许可决定前，应当告知申请人、利害关系人享有要求听证的权利；申请人、利害关系人在被告知听证权利之日起5日内提出听证申请的，行政机关应当在20日内组织听证。行政机关应当根据听证笔录，作出行政许可决定。

5.申请人、利害关系人不承担行政机关组织听证的费用。行政机关实施行政许可和对行政许可事项进行监督检查，不得收取任何费用；但是，法律、行政法规另有规定的，依照其规定。行政机关提供行政许可申请书格式文本，不得收费。

6.行政许可所依据的法律、法规、规章修改或者废止，或者准予行政许可所依据的客观情况发生重大变化的，为了公共利益的需要，行政机关可以依法变更或者撤回已经生效的行政许可；由此给当事人造成财产损失的，行政机关应当依法给予补偿。

7.行政机关违法作出准予行政许可决定的，作出行政许可决定的行政机关或者其上级行政机关，根据利害关系人的请求或者依据职权，可以撤销行政许可（但撤销可能对公共利益造成重大损害的，不予撤销），且撤销行政许可给被许可人的合法权益造成损害的，行政机关应当依法给予赔偿。被许可人以欺骗、贿赂等不正当手段取得行政许可的，应当予以撤销（但撤销可能对公共利益造成重大损害的，不予撤销），且被许可人基于行政许可取得的利益不受保护；行政机关应当依法给予行政处罚；取得的行政许可属于直接关系公共安全、人身健康、生命财产安全事项的，申请人在3年内不得再次申请该行政许可；构成犯罪的，依法追究刑事责任。

8.行政许可的效力丧失的，行政机关应当依法办理有关行政许可的注销手续。

牛刀小试

李某向甲省乙市市监局申请餐饮服务许可证,但由于工作繁忙,李某委托妻子王某代为申请。申请时,乙市市监局要求王某缴纳5元的申请书印刷成本费,王某在缴纳费用并填写了相关申请材料后,市监局工作人员认为申请人缺乏必要的相关材料,当场口头拒绝了许可申请。之后,在补正了相关申请材料后,李某再次向乙市市监局提交申请,乙市市监局口头受理了李某提交的许可申请,并指派工作人员段某负责审查材料的实质内容。经审查,李某符合餐饮服务许可证的发放条件,向其颁发了餐饮服务许可证,但要求李某开设的餐馆购买某指定品牌的面粉,同时,乙市市监局将李某获得许可证的事实向社会予以公开。

李某和乙市市监局的上述行为是否违反《行政许可法》的规定,为什么?

参考答案

1. 申请人可以委托代理人提出行政许可申请;但是,依法应当由申请人到行政机关办公场所提出申请的除外。所以,李某委托妻子申请并不违法。

2. 申请书需要采用格式文本的,行政机关应当向申请人提供格式文本。行政机关提供格式文本不得收费(没有例外)。所以,乙市市监局要求王某缴纳5元的申请书印刷成本费的行为违反法律要求。

3. 申请人的申请材料存在缺失或错误,行政机关应当告知其补充更正申请材料,而非直接予以拒绝。同时,《行政许可法》中没有可以口头作出的行为,所以口头拒绝本身也违反法律要求。

4. 需要对申请材料的实质内容进行核实的,行政机关应当指派2名以上工作人员进行核查。本案中行政机关只指派了段某审查材料违反法律要求。

5.行政机关实施行政许可，不得向申请人提出购买指定商品、接受有偿服务等不正当要求。所以，要求李某开设的餐馆购买某指定品牌的面粉违法。

6.对于准予许可的决定应当公开，以便公众查阅；不予许可决定，不需要公开。所以，公开行为本身不违法。

考点02　行政处罚

考点精讲

1.行政处罚，是指行政机关依法对违反行政管理秩序的公民、法人或者其他组织，以减损权益或者增加义务的方式予以惩戒的行为。行政机关在行政管理中责令违法行为人停止、纠正违法行为或者消除违法行为造成的危害后果，是使违法行为人在违法行为之内承担不利后果，不具有惩罚性，不是行政处罚。

2.行政处罚的设定，是指在上位法没有设定的情形下，法定机关将某种行为立法规定为违反行政管理秩序的行为，并同时规定对其制裁的行政处罚种类和幅度。除法律、法规和规章外，其他规范性文件不得设定行政处罚。法律可以设定各种行政处罚；行政法规可以设定除限制人身自由以外的行政处罚；地方性法规可以设定除限制人身自由、吊销营业执照以外的行政处罚；规章可以设定警告、通报批评或者一定数额罚款的行政处罚。行政处罚的具体规定，是指在上位法已对某一行政领域的行政处罚作出设定的前提下，法规或规章在上位法所规定的给予行政处罚的行为、种类和幅度的范围作进一步具体化。

3.国家在城市管理、市场监管、生态环境、文化市场、交通运输、应急管理、农业等领域推行建立综合行政执法制度，相对集中行政处罚权。国务院或者省、自治区、直辖市人民政府可以决定一个行政机关行使有关行政机关的行政处罚权。限制人身自由的行政处罚权只能由公安机关和法律规定的其他机关行使。

4.行政处罚由县级以上地方人民政府具有行政处罚权的行政机关管辖。省、自治区、直辖市根据当地实际情况，可以决定将基层管理迫切需要的县级人民政府部门的行政处罚权交由能够有效承接的乡镇人民政府、街道办事处行使，并定期组织评估。两个以上行政机关都有管辖权的，由最先立案的行政机关管辖。对管辖发生争议的，应当协商解决，协商不成的，报请共同的上一级行政机关指定管辖；也可以直接由共同的上一级行政机关指定管辖。

5.对当事人的同一个违法行为，不得给予两次以上罚款的行政处罚。同一个违法行为违反多个法律规范应当给予罚款处罚的，按照罚款数额高的规定处罚。

6.违法行为轻微并及时改正，没有造成危害后果的，不予行政处罚。初次违法且危害后果轻微并及时改正的，可以不予行政处罚。当事人有证据足以证明没有主观过错的，不予行政处罚。法律、行政法规另有规定的，从其规定。对当事人的违法行为依法不予行政处罚的，行政机关应当对当事人进行教育。

7.行政机关应当自行政处罚案件立案之日起90日内作出行政处罚决定。违法行为在2年内未被发现的，不再给予行政处罚；涉及公民生命健康安全、金融安全且有危害后果的，上述期限延长至5年。法律另有规定的除外（如治安管理处罚追究期限为6个月，税收处罚追究期限为5年）。行政处罚追究期限，从违法行为发生之日起计算；违法行为有连续或者继续状态的，从行为终了之日起计算。

8.行政处罚没有依据或者实施主体不具有行政主体资格的，行政处罚无效。违反法定程序构成重大且明显违法的，行政处罚无效。

9.具有一定社会影响的行政处罚决定应当依法公开。公开的行政处罚决定被依法变更、撤销、确认违法或者确认无效的，行政机关应当在3日内撤回行政处罚决定信息并公开说明理由。

10.违法行为构成犯罪，不得以行政处罚代替刑事处罚，行政机关应当及时将案件移送司法机关（并将查封、扣押、冻结的财物一并移送，并书面告知当事人），依法追究刑事责任。违法行为构成犯罪，法院判处拘役或者有期徒刑时，行政机关已经给予当事人行政拘留的，应当依法折抵相应刑期。违法行为构成犯罪，法院判处罚金时，行政机关已经给予当事人罚款的，应当折抵相应罚金；行政机关尚未给予当事人罚款的，不再给予罚款。对依法不需要追究刑事责任或者免予刑事处罚，但应当给予行政处罚的，司法机关应当及时将案件移送有关行政机关。

11.违法事实确凿并有法定依据，对自然人处以200元以下、对法人或者其他组织处以3000元以下罚款或者警告的，可以当场作出行政处罚决定。违反治安管理行为事实清楚，证据确凿，处警告或者200元以下罚款的，可以当场作出治安管理处罚决定。行政处罚决定书应当当场交付当事人。

12.对情节复杂或者重大违法行为给予较重的行政处罚，行政机关的负责人应当集体讨论决定。在行政机关负责人作出决定之前，应当由从事行政处罚决定审核的人员进行法制审核。行政机关中初次从事行政处罚决定审核的人员，应当通过国家统一法律职业资格考试取得法律职业资格。

13.行政机关作出较大数额罚款、没收较大数额违法所得、没收较大价值非法财物、降低资质等级、吊销许可证件、责令停产停业、责令关闭、限制从业以及其他较重的行政处罚决定之前，应当告知当事人有要求举行听证的权利；当事人要求听证的，行政机关应当组织听证。当事人不承担行政机关组织听证的费用。听证结束后，行政机关依照一般程序的规定，作出决定。

牛刀小试

2015年1月，某县公安局城区派出所和某县消防大队曾多次就方某经营的坐落于某县某镇龙门路53弄11号出租房进行消防检查。2月11日，城区派出所和消防大队再次对方某的出租房进行消防检查。2月13日，城区派出所向方某发出责令限期改正通知书，责令方某于2015年3月11日前改正。3月13日，城区派出所和消防大队民警对涉案出租房进行复查，发现方某对"四、五、六、七层缺少一部疏散楼梯，未按要求配置逃生用口罩、报警哨、手电筒、逃生绳等"违法行为未予改正。

2015年3月16日，城区派出所决定立案调查，于当日约21时对方某实施传唤询问，并对部分承租户进行询问调查。次日，城区派出所民警向方某告知拟处罚的事实、理由和依据。同日，某县公安局根据《关于解决消防监督执法工作若干问题的批复》（某省公安厅发布）第5条认定方某的出租房属于《治安管理处罚法》第39条规定的"其他供社会公众活动的场所"，但该出租房不符合《某省居住出租房屋消防安全要求》（某省公安厅制定并经该省政府批准后施行），在指定期限内不能及时消除消防安全隐患，致使场所有发生安全事故危险，故以方某违反《治安管理处罚法》第39条为由决定对其治安拘留3日，并送至某县拘留所执行。方某不服诉至法院请求撤销拘留决定，并请求对《关于解决消防监督执法工作若干问题的批复》《某省居住出租房屋消防安全要求》合法性进行一并审查。

1. 城区派出所对方某实施的传唤是否属于治安管理处罚，为什么？

2. 如方某主张，周边的出租房也存在与其类似的情形，确均未受到处罚，故对其拘留3日是违法的。该主张是否成立，为什么？

3. 法院是否应当根据方某的请求一并审查《关于解决消防监督执法工作若干

问题的批复》《某省居住出租房屋消防安全要求》合法性，为什么？

4.《关于解决消防监督执法工作若干问题的批复》第5条是否属于对《治安管理处罚法》第39条进行扩大解释，为什么？

参考答案

1. 不属于治安管理处罚。治安管理处罚属于行政处罚的一种，而行政处罚应当具有惩罚性、结案性。治安传唤的目的仅仅是询问查证，将案件事实调查清楚，尚未进入对违法行为的惩罚环节。

2. 该主张不成立。方某的主张实质是要求"平等不处理"，即违法者要求自己与其他违法者一样平等地不受处理。《宪法》规定，一切违反《宪法》和法律的行为，必须予以追究。"平等不处理"所产生的是与法不合的"法秩序"，从而弱化了人们对法律适用的正当预期。"平等不处理"不是平等原则题中应有之义。

3. 法院应当一并审查。《行政诉讼法》第53条规定，公民、法人或者其他组织认为行政行为所依据的行政规范性文件（不含规章和国务院规范性文件）不合法，在对行政行为提起诉讼时，可以一并请求对该规范性文件进行审查。《关于解决消防监督执法工作若干问题的批复》《某省居住出租房屋消防安全要求》是省公安厅发布的，不是规章，且是被诉拘留决定作出的依据，对其一并审查符合《行政诉讼法》第53条规定。

4. 不属于扩大解释。《关于解决消防监督执法工作若干问题的批复》第5条是对居住的出租房屋能否视为《治安管理处罚法》第39条规定的"其他供社会公众活动的场所"的解释。由于"其他供社会公众活动的场所"为不确定法律概念，其内容与范围并不固定。居住的出租房物理上将毗邻的多幢、多间（套）房屋集中用于向不特定多数人出租，并且承租人具有较高的流动性，已与一般的居住房屋只关涉公民私人领域有质的区别，已经构成了与旅馆类似的具有一定开放性的公共活动场所。对于此类场所的经营管理人员，在出租营利的同时理应承担更高的消防安全管理责任。因此，该第5条规定的内容与《治安管理处罚法》第39条规定并不抵触，并非扩大解释。

考点03　行政强制措施

考点精讲

1. 行政强制措施由法律、法规规定的行政机关在法定职权范围内实施。依据《行政处罚法》的规定行使相对集中行政处罚权的行政机关，可以实施法律、法规规定的与行政处罚权有关的行政强制措施。法律、行政法规授权的具有管理公共事务职能的组织在法定授权范围内，以自己的名义实施行政强制措施，适用有关行政机关的规定。行政强制措施权不得委托。行政强制措施应当由行政机关具备资格的2名以上行政执法人员实施，并出示执法身份证件，其他人员不得实施。

2. 行政机关实施行政强制措施前须向行政机关负责人报告并经批准。情况紧急，需要当场实施行政强制措施的，行政执法人员应当在24小时内向行政机关负责人报告，并补办批准手续；但在紧急情况下当场实施限制人身自由的行政强制措施的，在返回行政机关后，立即向行政机关负责人报告并补办批准手续。行政机关负责人认为不应当采取行政强制措施的，应当立即解除。

3. 行政机关实施行政强制措施时通知当事人到场。当事人到场的，当场告知当事人采取行政强制措施的理由、依据以及当事人依法享有的权利、救济途径，听取当事人的陈述和申辩，制作现场笔录（现场笔录由当事人和行政执法人员签名或者盖章，当事人拒绝的，在笔录中予以注明）；当事人不到场的，邀请见证人到场，由见证人和行政执法人员在现场笔录上签名或者盖章。

4.行政机关实施限制人身自由的行政强制措施的，应当场告知或者实施行政强制措施后立即通知当事人家属实施行政强制措施的行政机关、地点和期限。实施限制人身自由的行政强制措施不得超过法定期限。实施行政强制措施的目的已经达到或者条件已经消失，应当立即解除。

5.行政机关决定实施查封、扣押的，应当履行一般程序，制作并当场交付查封、扣押决定书和清单。

6.查封、扣押的期限不得超过30日；情况复杂的，经行政机关负责人批准，可以延长（延长查封、扣押的决定应当及时书面告知当事人，并说明理由），但是延长期限不得超过30日；法律、行政法规另有规定的除外。对物品需要进行检测、检验、检疫或者技术鉴定（该费用由行政机关承担）的，查封、扣押的期间不包括检测、检验、检疫或者技术鉴定的期间。检测、检验、检疫或者技术鉴定的期间应当明确，并书面告知当事人。

7.对查封、扣押的场所、设施或者财物，行政机关应当妥善保管，不得使用或者损毁；造成损失的，应当承担赔偿责任。对查封的场所、设施或者财物，行政机关可以委托第三人保管，第三人不得损毁或者擅自转移、处置。因第三人的原因造成的损失，行政机关先行赔付后，有权向第三人追偿。因查封、扣押发生的保管费用由行政机关承担。

8.不再需要采取查封、扣押措施的，行政机关应当及时作出解除查封、扣押决定。解除查封、扣押应当立即退还财物；已将鲜活物品或者其他不易保管的财物拍卖或者变卖的，退还拍卖或者变卖所得款项。变卖价格明显低于市场价格，给当事人造成损失的，应当给予补偿。

9.冻结存款、汇款应当由法律规定的行政机关实施。实施冻结存款、汇款前须向行政机关负责人报告并经批准，制作现场笔录，并向金融机构交付冻结通知书，在3日内向当事人交付冻结决定书。

10.自冻结存款、汇款之日起30日内，行政机关应当作出处理决定或者作出解除冻结决定；情况复杂的，经行政机关负责人批准，可以延长（延长冻结的决定应当及时书面告知当事人，并说明理由），但是延长期限不得超过30日；法律另有规定的除外。不再需要采取冻结措施的，行政机关应当及时作出解除冻结决定。行政机关逾期未作出处理决定或者解除冻结决定的，金融机构应当自冻结期满之日起解除冻结。

牛刀小试

A国人沙某乘坐航班由某国际机场T3航站楼通关入境安全检查时，将随身携带的行李放在X光机传送带上等待安检，但随即又将行李从X光机传送带上取走，致使其随身携带的行李箱实际未接受X光机的检查。

某机场海关旅检一科的工作人员发现上述情况后，将其带至X光机前，通过X光机对其携带的行李进行检查，并利用人体X光机对其人身进行重点检查。经人体X光机检查，发现沙某身内捆绑有疑似蜜蜡项链等物品。经X光机对其携带的黑色手提行李进一步检查，发现该行李箱内有疑似琥珀、珊瑚、玛瑙原石等物品。经称重，以上各种物品毛重共计5.4千克。因沙某未向某机场海关申报，某机场海关开具海关旅客行李物品暂存凭证，并将案件线索移交某机场海关缉私分局。

因沙某涉嫌走私疑似琥珀案，某机场海关决定对涉嫌走私的疑似琥珀等物品予以扣留。

1. 某机场海关是否有权对沙某疑似琥珀等物品予以扣留？
2. 某机场海关可否向沙某收取扣留物的保管费？
3. 如海关解除扣留措施的，则意味着该扣留决定违法。这种观点是否正确？

参考答案

1. 有权。《行政强制法》第22条规定："查封、扣押应当由法律、法规规定的行政机关实施，其他任何行政机关或者组织不得实施。"据此，行政机关可以根据法律、法规的规定实施扣押（扣留）的行政强制措施。《海关法》第6条、《海关行政处罚实施条例》第38条第1项可以作为海关扣押的法定依据。

2. 不得。根据《行政强制法》第26条第3款规定，因查封、扣押发生的保管费用由行政机关承担，而非由行政管理相对人承担。

3. 不正确。解除扣留可能是因为该扣留违法（如当事人没有违法行为，或者扣留的财物与违法行为无关），也可能不是因为该扣留违法（如行政机关对违法行为已经作出处理决定，不再需要扣留，或者扣留期限已经届满）。

考点04　行政强制执行

考点精讲

1. 行政机关作出强制执行决定前，应当事先书面催告当事人履行义务。当事人收到催告书后有权进行陈述和申辩。行政机关应当充分听取当事人的意见，对当事人提出的事实、理由和证据，应当进行记录、复核；当事人提出的事实、理由或者证据成立的，行政机关应当采纳。经催告，当事人逾期仍不履行行政决定，且无正当理由的，行政机关可以作出强制执行决定。在催告期间，对有证据证明有转移或者隐匿财物迹象的，行政机关可以作出立即强制执行决定。强制执行决定应当以书面形式作出。强制执行决定作出后，行政机关可依法采取强制执行措施。

2.土地管理部门作出责令限期拆除的行政处罚决定，当事人期满不起诉又不自行拆除的，由土地管理部门申请法院强制执行。在乡、村庄规划区内未依法取得乡村建设规划许可证或者未按照乡村建设规划许可证的规定进行建设的，由乡、镇政府责令停止建设、限期改正；逾期不改正的，可以拆除。城乡规划主管部门作出责令停止建设或者限期拆除的决定后，当事人不停止建设或者逾期不拆除的，建设工程所在地县级以上地方政府可以责成有关部门采取查封施工现场、强制拆除等措施。对涉及违反《城乡规划法》的违法建筑物、构筑物、设施等的强制拆除，法律已经授予行政机关强制执行权，法院不受理行政机关提出的非诉行政执行申请。对违法的建筑物、构筑物、设施等需要强制拆除的，应当由行政机关予以公告，限期当事人自行拆除；当事人在法定期限内不申请行政复议或者提起行政诉讼，又不拆除的，行政机关可以依法强制拆除。

3.行政机关作出金钱给付义务的行政决定，当事人逾期不履行的，行政机关可以依法加处罚款或者滞纳金。加处罚款或者滞纳金的标准应当告知当事人。加处罚款或者滞纳金的数额不得超出金钱给付义务的数额。实施加处罚款或者滞纳金超过30日，经催告当事人仍不履行的，具有行政强制执行权的行政机关可以强制执行。

4.没有行政强制执行权的行政机关应当申请法院强制执行。但是，当事人在法定期限内不申请行政复议或者提起行政诉讼，经催告仍不履行的，在实施行政管理过程中已经采取查封、扣押措施的行政机关，可以将查封、扣押的财物依法拍卖抵缴罚款。

5.行政机关作出要求当事人履行排除妨碍、恢复原状等义务的行政决定，当事人逾期不履行，经催告仍不履行，其后果已经或者将危害交通安全、造成环境污染或者破坏自然资源的，行政机关可以代履行，或者委托没有利害关系的第三人代履行。代履行前送达决定书；代履行3日前，催告当事人履行，当事人履行的，停止代履行；代履行时，作出决定的行政机关应当派员到场监督；代履行完毕，行政机关到场监督的工作人员、代履行人和当事人或者见证人应当在执行文书上签名或者盖章。代履行的费用按照成本合理确定，由当事人承担。但是，法律另有规定的除外。代履行不得采用暴力、胁迫以及其他非法方式。

6.需要立即清除道路、河道、航道或者公共场所的遗洒物、障碍物或者污染物，当事人不能清除的，行政机关可以决定立即实施代履行；当事人不在场的，行政机关应当在事后立即通知当事人，并依法作出处理。

7.申请法院强制执行行政行为，必须同时满足以下条件：

（1）行政行为依法可以由法院执行。

（2）行政行为已经生效并具有可执行内容。

（3）申请人是作出该行政行为的行政机关或者法律、法规、规章授权的组织。如被申请执行的是行政裁决，作出裁决的行政机关在申请执行的期限内未申请法院强制执行的，生效行政裁决确定的权利人或者其继承人、权利承受人可以申请法院强制执行。

（4）被申请人是该行政行为所确定的义务人。

（5）被申请人在行政行为确定的期限内或者行政机关催告期限内未履行义务。行政机关申请法院强制执行前，应当催告当事人履行义务。催告书送达10日后当事人仍未履行义务的，可以向法院申请强制执行。

（6）申请人在法定期限内提出申请。行政机关申请法院强制执行其行政行为，应当自被执行人的法定起诉期限届满之日起3个月内提出。如被申请执行的是行政裁决，作出裁决的行政机关在申请执行的期限内未申请法院强制执行的，生效行政裁决确定的权利人或者其继承人、权利承受人在6个月内可以申请法院强制执行。逾期申请的，除有正当理由外，法院不予受理。

（7）被申请执行的行政案件属于受理执行申请的法院管辖。行政机关申请法院强制执行其行政行为的，由申请人所在地的基层法院受理；执行对象为不动产的，由不动产所在地的基层法院受理。权利人申请法院强制执行生效行政裁决，参照行政机关申请人民法院强制执行行政行为的规定。

（8）申请材料齐全、符合法定形式。行政机关向法院申请强制执行，应当提供下列材料：①强制执行申请书；②行政决定书及作出决定的事实、理由和依据；③当事人的意见及行政机关催告情况；④申请强制执行标的情况；⑤法律、行政法规规定的其他材料。强制执行申请书应当由行政机关负责人签名，加盖行政机关的印章，并注明日期。

8.法院对符合条件的申请，应当在5日内立案受理，并通知申请人；对不符合条件的申请，应当裁定不予受理。行政机关对不予受理裁定有异议，在15日内向上一级法院申请复议的，上一级法院应当在收到复议申请之日起15日内作出裁定。

9.法院受理行政机关申请执行其行政行为的案件后，应当在7日内由行政审判庭对行政行为的合法性进行审查，并作出是否准予执行的裁定。法院在作出裁定前发现行政行为明显违法并损害被执行人合法权益的，应当听取被执行人和行政机关的意见，并自受理之日起30日内作出是否准予执行的裁定。被申请执行的行政行为有下列情形之一的，法院应当裁定不准予执行：①实施主体不具有行政主体资格的；②明显缺乏事实根据的；③明显缺乏法律、法规依据的；④其他明显违法并损害被执行人合法权益的情形。行政机关对不准予执行的裁定有异议，在

15日内向上一级法院申请复议的，上一级法院应当在收到复议申请之日起30日内作出裁定。

10.法院受理行政机关申请执行其行政行为的案件后，法院裁定准予执行的，依法由法院执行机构或者有关行政机关组织实施执行措施。

牛刀小试

刘甲是某区某号院的老住户，院内有其合法产权房。刘乙到该院内进行违法建设，还将百年老门拆掉，改变了进院门的位置，在原进出院落的共用道路和共同空地上都盖上了违建房。刘乙的违建房封堵了刘甲进屋的路。

根据刘甲的举报，某区城市管理监察大队到某区某号院进行检查。检查中发现，刘乙未经规划批准，在该址院内建设砖混结构房屋。当日，某区城管大队予以立案，并进行了现场检查、勘验等，勘验结果为砖混结构房屋2间，总面积为29.77平方米。某区城管大队绘制了房屋平面图，拍摄了房屋现场照片。某区城管大队对刘乙进行了询问调查，并制作了询问笔录。

之后，某市规划委员会出具34号《关于某区某号院内砖混结构房屋规划审批情况的函》，认定上述房屋未取得建设工程规划许可证。其后，某区城管大队作出《限期拆除通知书》，认定刘乙搭建违建房，责令其7日内自行拆除并接受复查。后某区城管大队复查发现刘乙未在规定期限内拆除违建房。经某区政府批准，某区城管大队向刘乙作出《拆除决定书》，决定某日对违建房进行强拆。刘乙对该拆除决定申请复议，复议机关维持了该拆除决定。刘乙起诉，法院最终判决驳回了其诉讼请求。但是，刘乙的违建房一直未拆除。刘甲以某区城管大队为被告起诉，诉其未强拆刘乙的违建房。

1.某区城管大队作出《限期拆除通知书》属于何种行为，为什么？

2.某区城管大队对刘乙作出的《拆除决定书》属于何种行为？该《拆除决定书》是否有超越职权的违法情形？

3.某区城管大队可否在刘乙提起的行政诉讼期间拆除刘乙的违建房，为什么？

4.刘乙对该拆除决定申请行政复议的，本案复议机关如何确定？

5.对刘乙起诉的案件被告如何确定？

6.刘甲以某区城管大队为被告起诉，诉其未强拆刘乙的违建房。法院可否以刘甲不具有原告资格为由裁定不予立案？

7.法院审查刘甲起诉时发现某区城管大队已撤销，其相关职能由某区城管执法局承担。法院应当如何处理？

参考答案

1.属于行政处罚。行政处罚，是指行政机关依法对违反行政管理秩序的公民、法人或者其他组织，以减损权益或者增加义务的方式予以惩戒的行为。某区城管大队以刘乙搭建建筑物违法而责令限期拆除，属于行政机关在行政管理中，"对违反行政管理秩序的相对人实施的措施"。该责令限期拆除决定不具有惩罚性，本应不归入行政处罚。但是，《土地管理法》将限期拆除决定规定为"行政处罚决定"，按照"同样情况同样处理"的法理，故本题中的责令限期拆除决定也应认定为行政处罚。

2.某区城管大队对刘乙作出的《拆除决定书》属于行政强制执行决定，且未超越职权。《城乡规划法》第68条规定，城乡规划主管部门作出责令停止建设或者限期拆除的决定后，当事人不停止建设或者逾期不拆除的，建设工程所在地县级以上地方人民政府可以责成有关部门采取查封施工现场、强制拆除等措施。

3.可以。根据《行政诉讼法》第56条第1款，诉讼期间，不停止行政行为的执行；但有法定停止执行情形的，裁定停止执行。本案中并没有法定的停止执行情形，故诉讼中可强制拆除。

4.刘乙对该拆除决定申请行政复议的，本案复议机关为某市政府。《行政复议法实施条例》第13条规定，下级行政机关依照法律、法规、规章规定，经上级行政机关批准作出具体行政行为的，批准机关为被申请人。某区城管大队向刘乙作出的《拆除决定书》经某区政府批准，故应当以某区政府为被申请人。《行政复议法》第24条第1款规定："县级以上地方各级人民政府管辖下列行政复议案件：（一）对本级人民政府工作部门作出的行政行为不服的；（二）对下一级人民政府作出的行政行为不服的；（三）对本级人民政府依法设立的派出机关作出的行政行为不服的；（四）对本级人民政府或者其工作部门管理的法律、法规、规章授权的组织作出的行政行为不服的。"故某市政府为复议机关。

5.复议机关维持了该拆除决定，故刘乙起诉的，应以原行为机关某区政府和复议机关某市政府为共同被告。《行政诉讼法》第26条第2款规定，经复议的案件，复议机关决定维持原行政行为的，作出原行政行为的行政机关和复议机关是共同被告。

6.不可以。因为刘甲具有原告资格。《行政诉讼法》第25条第1款规定，行政行为的相对人以及其他与行政行为有利害关系的公民、法人或者其他组织，有权提起诉讼。刘乙的违建房封堵了刘甲进屋的路，故刘乙与某区城管大队的不作为具有利害关系。

7.法院登记立案后告知刘甲变更被告为某区城管执法局；刘甲拒绝变更的，裁定驳回起诉。《行政诉讼法》第26条第6款规定，行政机关被撤销或者职权变更的，继续行使其职权的行政机关是被告。《行诉法解释》①第26条第1款规定，原告

---

① 即《最高人民法院关于适用〈中华人民共和国行政诉讼法〉的解释》，下同。

所起诉的被告不适格，人民法院应当告知原告变更被告；原告不同意变更的，裁定驳回起诉。

考点05 行政复议

考点精讲

1. 行政复议范围

可以申请行政复议	（1）对行政机关作出的行政处罚决定不服 （2）对行政机关作出的行政强制措施、行政强制执行决定不服 （3）申请行政许可，行政机关拒绝或者在法定期限内不予答复，或者对行政机关作出的有关行政许可的其他决定不服 （4）对行政机关作出的确认自然资源的所有权或者使用权的决定不服 （5）对行政机关作出的征收征用决定及其补偿决定不服 （6）对行政机关作出的赔偿决定或者不予赔偿决定不服 （7）对行政机关作出的不予受理工伤认定申请的决定或者工伤认定结论不服 （8）认为行政机关侵犯其经营自主权或者农村土地承包经营权、农村土地经权 （9）认为行政机关滥用行政权力排除或者限制竞争 （10）认为行政机关违法集资、摊派费用或者违法要求履行其他义务 （11）申请行政机关履行保护人身权利、财产权利、受教育权利等合法权益的法定职责，行政机关拒绝履行、未依法履行或者不予答复 （12）申请行政机关依法给付抚恤金、社会保险待遇或者最低生活保障等社会保障，行政机关没有依法给付 （13）认为行政机关不依法订立、不依法履行、未按照约定履行或者违法变更、解除政府特许经营协议、土地房屋征收补偿协议等行政协议 （14）认为行政机关在政府信息公开工作中侵犯其合法权益 （15）认为行政机关的其他行政行为侵犯其合法权益

续表

不属于行政复议范围		（1）国防、外交等国家行为 （2）行政法规、规章或者行政机关制定、发布的具有普遍约束力的决定、命令等规范性文件 （3）行政机关对行政机关工作人员的奖惩、任免等决定 （4）行政机关对民事纠纷作出的调解
抽象行政行为附带审查	审查范围	（1）国务院部门的规范性文件 （2）县级以上地方各级人民政府及其工作部门的规范性文件 （3）乡、镇人民政府的规范性文件 （4）法律、法规、规章授权的组织的规范性文件 （5）不含规章
	处理结果	认为相关条款合法的，在行政复议决定书中一并告知
		认为相关条款超越权限或者违反上位法的，决定停止该条款的执行，并责令制定机关予以纠正

2.行政复议参加人

申请人	申请人	（1）依照《行政复议法》申请行政复议的公民、法人或者其他组织是申请人 （2）有权申请行政复议的公民死亡的，其近亲属可以申请行政复议有权申请行政复议的法人或者其他组织终止的，其权利义务承受人可以申请行政复议 （3）有权申请行政复议的公民为无民事行为能力人或者限制民事行为能力人的，其法定代理人可以代为申请行政复议
	代表人	（1）同一行政复议案件申请人人数众多的，可以由申请人推选代表人参加行政复议 （2）代表人参加行政复议的行为对其所代表的申请人发生效力，但是代表人变更行政复议请求、撤回行政复议申请、承认第三人请求的，应当经被代表的申请人同意

被申请人	一般情形	公民、法人或者其他组织对行政行为不服申请行政复议的,作出行政行为的行政机关或者法律、法规、规章授权的组织是被申请人
	两个以上	两个以上行政机关以共同的名义作出同一行政行为的,共同作出行政行为的行政机关是被申请人
	委托	行政机关委托的组织作出行政行为的,委托的行政机关是被申请人
	被撤销或者职权变更	作出行政行为的行政机关被撤销或者职权变更的,继续行使其职权的行政机关是被申请人
第三人		(1)申请人以外的同被申请行政复议的行政行为或者行政复议案件处理结果有利害关系的公民、法人或者其他组织,可以作为第三人申请参加行政复议,或者由行政复议机构通知其作为第三人参加行政复议 (2)第三人不参加行政复议,不影响行政复议案件的审理

3.行政复议申请的提出

时效	公民、法人或者其他组织认为行政行为侵犯其合法权益的,可以自知道或者应当知道该行政行为之日起60日内提出行政复议申请;但是法律规定的申请期限超过60日的除外
	因不可抗力或者其他正当理由耽误法定申请期限的,申请期限自障碍消除之日起继续计算
	行政机关作出行政行为时,未告知公民、法人或者其他组织申请行政复议的权利、行政复议机关和申请期限的,申请期限自公民、法人或者其他组织知道或者应当知道申请行政复议的权利、行政复议机关和申请期限之日起计算,但是自知道或者应当知道行政行为内容之日起最长不得超过1年
	因不动产提出的行政复议申请自行政行为作出之日起超过20年,其他行政复议申请自行政行为作出之日起超过5年的,行政复议机关不予受理

续表

方式	书面申请	申请人申请行政复议，可以书面申请 书面申请的，可以通过邮寄或者行政复议机关指定的互联网渠道等方式提交行政复议申请书，也可以当面提交行政复议申请书行政机关通过互联网渠道送达行政行为决定书的，应当同时提供提交行政复议申请书的互联网渠道
	口头申请	申请人申请行政复议，书面申请有困难的，也可以口头申请 口头申请的，行政复议机关应当当场记录申请人的基本情况、行政复议请求、申请行政复议的主要事实、理由和时间
	分别申请	申请人对两个以上行政行为不服的，应当分别申请行政复议
先议后诉	有下列情形之一的，申请人应当先向行政复议机关申请行政复议，对行政复议决定不服的，可以再依法向人民法院提起行政诉讼： （1）对当场作出的行政处罚决定不服 （2）对行政机关作出的侵犯其已经依法取得的自然资源的所有权或者使用权的决定不服 （3）认为行政机关存在《行政复议法》第11条规定的未履行法定职责情形 （4）申请政府信息公开，行政机关不予公开 （5）法律、行政法规规定应当先向行政复议机关申请行政复议的其他情形 对前述情形，行政机关在作出行政行为时应当告知公民、法人或者其他组织先向行政复议机关申请行政复议		

4. 行政复议管辖

类型	被申请人	复议机关
条块管辖	政府工作部门	（1）同级政府 （2）上一级主管部门
条条管辖	省级以下政府	上一级人民政府
	垂直领导机关	上一级主管部门（金融、外汇、海关、税务、国安）
原级管辖	国务院部门、省级政府	原机关自己

续表

类型	被申请人	复议机关
特殊情形	派出机关	设立该派出机关的政府
	派出机构	（1）派出部门 （2）派出部门的同级政府
	被授权组织	直接管理该组织的行政机关

5.行政复议决定

变更	（1）事实清楚，证据确凿，适用依据正确，程序合法，但是内容不适当 （2）事实清楚，证据确凿，程序合法，但是未正确适用依据 （3）事实不清、证据不足，经行政复议机关查清事实和证据	行政复议机关不得作出对申请人更为不利的变更决定，但是第三人提出相反请求的除外
撤销	行政行为有下列情形之一的，行政复议机关决定撤销或者部分撤销该行政行为，并可以责令被申请人在一定期限内重新作出行政行为： （1）主要事实不清、证据不足 （2）违反法定程序 （3）适用的依据不合法 （4）超越职权或者滥用职权	行政复议机关责令被申请人重新作出行政行为的，被申请人不得以同一事实和理由作出与被申请行政复议的行政行为相同或者基本相同的行政行为，但是行政复议机关以违反法定程序为由决定撤销或者部分撤销的除外
确认违法	行政行为有下列情形之一的，行政复议机关不撤销该行政行为，但是确认该行政行为违法： （1）依法应予撤销，但是撤销会给国家利益、社会公共利益造成重大损害 （2）程序轻微违法，但是对申请人权利不产生实际影响 行政行为有下列情形之一，不需要撤销或者责令履行的，行政复议机关确认该行政行为违法： （1）行政行为违法，但是不具有可撤销内容 （2）被申请人改变原违法行政行为，申请人仍要求撤销或者确认该行政行为违法 （3）被申请人不履行或者拖延履行法定职责，责令履行没有意义	

续表

限期履行	被申请人不履行法定职责的，行政复议机关决定被申请人在一定期限内履行
确认无效	行政行为有实施主体不具有行政主体资格或者没有依据等重大且明显违法情形，申请人申请确认行政行为无效的，行政复议机关确认该行政行为无效
维持	行政行为认定事实清楚，证据确凿，适用依据正确，程序合法，内容适当的，行政复议机关决定维持该行政行为
驳回行政复议请求	行政复议机关受理申请人认为被申请人不履行法定职责的行政复议申请后，发现被申请人没有相应法定职责或者在受理前已经履行法定职责的，决定驳回申请人的行政复议请求
行政协议	被申请人不依法订立、不依法履行、未按照约定履行或者违法变更、解除行政协议的，行政复议机关决定被申请人承担依法订立、继续履行、采取补救措施或者赔偿损失等责任 被申请人变更、解除行政协议合法，但是未依法给予补偿或者补偿不合理的，行政复议机关决定被申请人依法给予合理补偿

牛刀小试

卜某为短期内多次来往我国香港地区的旅客。卜某从香港经深圳罗湖口岸旅检进境时，被检查到随身携带的行李内装有两瓶750ml的葡萄酒（度数为14%Vol）。罗湖海关为办理征税手续，将卜某的葡萄酒不予放行并扣留了卜某的往来港澳通行证。在卜某补缴了税款、办理完毕征税手续后，罗湖海关将葡萄酒及往来港澳通行证归还给卜某。卜某不服罗湖海关将其葡萄酒不予放行及扣留其往来港澳通行证的行为。

1. 罗湖海关将卜某的葡萄酒不予放行的行为，是否属于扣押的强制措施？
2. 罗湖海关扣留卜某往来港澳通行证的行为，是否属于行政强制措施？

3. 卜某申请复议的，复议机关如何确定？

4. 卜某申请复议时，可否请求复议机关一并审查《海关对中国籍旅客进出境行李物品的管理规定》有关规定的合法性？

5. 罗湖海关扣留卜某往来港澳通行证，是否合法，为什么？

参考答案

1. 不属于扣押的强制措施，因为不予放行并没有实力控制卜某的葡萄酒。

2. 属于行政强制措施。海关扣留卜某往来港澳通行证，并不具有结案性，也非为惩罚卜某，故属于行政强制措施。

3. 复议机关为深圳海关。海关为中央垂直领导机关，复议机关只能是其上一级海关。

4. 不可以。《行政复议法》第13条规定："公民、法人或者其他组织认为行政机关的行政行为所依据的下列规范性文件不合法，在对行政行为申请行政复议时，可以一并向行政复议机关提出对该规范性文件的附带审查申请：（一）国务院部门的规范性文件；（二）县级以上地方各级人民政府及其工作部门的规范性文件；（三）乡、镇人民政府的规范性文件；（四）法律、法规、规章授权的组织的规范性文件。前款所列规范性文件不含规章。规章的审查依照法律、行政法规办理。"因为《海关对中国籍旅客进出境行李物品的管理规定》属于规章，故不得在行政复议中一并要求审查。

5. 不合法。因为《海关法》等法律仅授予海关查阅进出境人员的证件的权限，未授予海关扣留身份证件的权限。

考点06　行政诉讼受案范围

考点精讲

1.实际影响当事人权益的行政行为，均可诉，但抽象行政行为、内部行政行为、法定终局行政行为除外。换言之，非终局的具体行政行为、行政协议、实际影响当事人权益的行政事实行为以及实际影响当事人权益的行政不作为，均可诉。

2.下列行为不属于人民法院行政诉讼的受案范围：

（1）公安、国家安全等机关依照刑事诉讼法的明确授权实施的行为；

（2）调解行为以及法律规定的仲裁行为；

（3）行政指导行为；

（4）驳回当事人对行政行为提起申诉的重复处理行为；

（5）行政机关作出的不产生外部法律效力的行为；

（6）行政机关为作出行政行为而实施的准备、论证、研究、层报、咨询等过程性行为；

（7）行政机关根据人民法院的生效裁判、协助执行通知书作出的执行行为，但行政机关扩大执行范围或者采取违法方式实施的除外；

（8）上级行政机关基于内部层级监督关系对下级行政机关作出的听取报告、执法检查、督促履责等行为；

（9）行政机关针对信访事项作出的登记、受理、交办、转送、复查、复核意见等行为；

（10）对公民、法人或者其他组织权利义务不产生实际影响的行为；

（11）国防、外交等国家行为；

（12）行政法规、规章或者行政机关制定、发布的具有普遍约束力的决定、命令；

（13）行政机关对行政机关工作人员的奖惩、任免等决定；

（14）法律规定由行政机关最终裁决的行政行为。

牛刀小试

王甲系王乙之父。王乙是某公司职工。王乙因交通事故死亡。由于王乙驾驶摩托车倒地翻覆的原因无法查实，某市交警大队作出《道路交通事故证明》。该《道路交通事故证明》载明：某年某月某日，王乙驾驶无牌"卡迪王"二轮摩托车由某市大转盘至小转盘方向行驶。某时某分许，当该车行至省道S306线29.3km处驶入道路右侧与隔离带边缘相擦刮，翻覆于隔离带内，造成车辆受损、王乙当场死亡的交通事故。

某公司就其职工王乙因交通事故死亡，向某市人保局申请工伤认定，并同时提交了某市交警大队所作的《道路交通事故证明》等证据。某市人保局以公安机关交通管理部门尚未对本案事故作出交通事故认定书为由，作出《工伤认定时限中止通知书》（以下简称《中止通知》），并向王甲和某公司送达。

王甲通过国内特快专递邮件方式，向某市人保局提交了《恢复工伤认定申请书》，要求某市人保局恢复对王乙的工伤认定。因某市人保局未恢复对王乙工伤认定程序，王甲遂向法院起诉，请求判决撤销某市人保局作出的《中止通知》。

1. 《中止通知》属于程序性行政行为还是实体性行政行为，为什么？
2. 如何判断程序性行政行为的可诉性？
3. 《中止通知》是否属于可诉行政行为，为什么？

参考答案

1.《中止通知》属于程序性行政行为。程序性行政行为，是指行政机关在处理行政事务过程中，运用程序职权职责处分行政相对人的程序权利义务，从而间接影响行政相对人实体权益的公法行为。《中止通知》的内容中止工伤认定时限，即中止工伤认定程序，故属于程序性行政行为。

2.如果程序性行政行为不涉及终局性问题，对当事人的权利义务没有实质影响的，属于不成熟的行政行为，不具有可诉性。但如果该程序性行政行为具有终局性，对当事人权利义务产生实质影响，并且无法通过提起针对相关的实体性行政行为的诉讼获得救济的，则属于可诉行政行为。即当事人认为行政机关作出的程序性行政行为侵犯其人身权、财产权等合法权益，对其权利义务产生明显的实际影响，且无法通过提起针对相关的实体性行政行为的诉讼获得救济，而对该程序性行政行为提起行政诉讼的，人民法院应当依法受理。

3.《中止通知》属于可诉行政行为。本案中《道路交通事故证明》已经是公安交管部门依据《道路交通事故处理程序规定》就事故作出的结论，也就是《工伤保险条例》第20条第3款中规定的工伤认定决定需要的"司法机关或者有关行政主管部门的结论"。除非出现新事实或者法定理由，否则公安交管部门不会就本案涉及的交通事故作出其他结论。而某市人保局在某公司申请认定工伤时已提交《道路交通事故证明》情况下，仍作出《中止通知》，并且一直到王甲起诉时，某市人保局仍以工伤认定处于中止中为由，拒绝恢复对王乙死亡是否属于工伤的认定程序。某市人保局作出《中止通知》将导致王甲的合法权益长期，乃至永久得不到依法救济，直接影响了王甲的合法权益，对其权利义务产生实质影响，并且王甲也无法通过对相关实体性行政行为提起诉讼以获得救济。故某市人保局作出《中止通知》属于可诉行政行为。

考点07　行政诉讼管辖

考点精讲

1. 行政诉讼的级别管辖

（1）行政诉讼一审案件原则上由基层法院管辖，中级以上法院管辖为例外。下列第一审案件由中级人民法院管辖：①对国务院部门或者县级以上地方人民政府所作的行政行为提起诉讼的案件；②海关处理的案件；③本辖区内重大、复杂的案件（如社会影响重大的共同诉讼案件，涉外或涉港澳台案件）；④其他法律规定由中级人民法院管辖的案件。

（2）复议机关改变原行政行为的，由复议机关作被告，以复议机关确定案件的级别管辖。

（3）复议机关决定维持原行政行为的，由原行为机关和复议机关作共同被告，以原行为机关确定案件的级别管辖。其他以两个以上行政机关为共同被告的案件，以地位最高或最特殊的被告来确定案件的级别管辖。

2. 行政诉讼的地域管辖

行政诉讼一审案件原则上由被告所在地法院管辖，即实行"原告就被告"。如果同一诉讼的几个被告所在地在两个以上法院辖区的，各该法院都有管辖权，比如复议机关决定维持原行政行为的，由原行为机关和复议机关作共同被告，原行为机关和复议机关所在地法院都有管辖权。

地域管辖除适用"原告就被告"规则外，还有以下特殊规则：

（1）复议机关改变原行政行为的，由复议机关作被告，除可以由复议机关所在地法院管辖外，也可以由原行为机关所在地法院管辖。

（2）被诉行政行为涉及或包含限制人身自由的行政强制措施的，除可以由被告所在地法院管辖外，也可以由原告所在地法院管辖。"原告所在地"，包括原告的户籍所在地、经常居住地和被限制人身自由地。

（3）被诉行政行为导致不动产物权变动的，一般只能由不动产所在地法院专属管辖。导致不动产物权变动的行政行为主要有：①不动产登记；②对土地等自然资源所有权或使用权争议的行政裁决；③对不动产的行政征收、征用；④涉及不动产的行政许可，如土地等有限自然资源开发利用许可、建设用地或建设工程规划许可、施工许可；⑤责令限期拆除建筑物、强制拆除建筑物。

作答"地域管辖"问题时，还必须特别注意以下四点：

（1）原告所在地法院管辖行政案件，须同时符合下列条件：①被诉行政行为包含限制人身自由的行政强制措施；②起诉人是被决定限制人身自由的人。

（2）被诉行政行为涉及限制人身自由的行政处罚（如行政拘留处罚），但不涉及限制人身自由的行政强制措施的案件，原告所在地法院无权管辖。

（3）经复议且被诉行政行为含限制人身自由行政强制措施的案件，原机关所在地法院、复议机关所在地法院均可管辖；若被决定限制人身自由的人起诉，原告所在地法院也可管辖。

（4）行政案件不适用协议管辖，但行政协议案件除外。

3.行政诉讼附带民事诉讼的管辖

法院在行政诉讼中一并审理相关民事争议的，由受理行政案件的法院一并管辖民事争议案件，但违反民事诉讼法专属管辖规定或者协议管辖约定的，法院在行政诉讼中不得一并审理相关民事争议。行政附带民事公益诉讼原则上应由设区的市级检察院向中级法院提起。

4.行政赔偿诉讼的管辖

（1）当事人单独提起行政赔偿诉讼的，一般按照行政诉讼管辖规则确定管辖法院。但是，不管是复议维持还是复议改变案件，均按照被告来确定管辖法院的级别和地域。

（2）当事人在提起行政诉讼的同时一并提出行政赔偿请求的，按照行政诉讼管辖规则确定管辖法院，管辖行政诉讼案件的法院一并管辖行政赔偿诉讼案件。

牛刀小试

宣某等18人系某市A区某中学教工宿舍楼的住户。某市发改委根据建设银行A区支行的报告，经审查同意该支行在原有的营业综合大楼东南侧扩建营业用房建设计划。同日，该市规划局制定建设项目选址意见：建设银行A区支行为扩大营业用房等，拟自行收购、拆除占地面积为205平方米的某中学教工宿舍宅楼，改建为露天停车场，具体按规划详图实施。同月18日，市规划局又规划出建设银行A区支行扩建营业用房建设用地平面红线图。同月20日，市规划局发出建设用地规划许可证。次月25日，市自然资源局（位于该市B区）建议收回某中学教工宿舍楼的住户国有土地使用权187.6平方米，并报政府审批同意。1个月后，市自然资源局作出37号《收回国有土地使用权通知》（以下简称涉案通知），并向宣某等18人告知其正在使用的国有土地使用权将收回等内容，涉案通知虽然载明了其所依据的法律名称《土地管理法》，但未载明所依据的具体条款。

宣某等18人不满涉案通知，到市自然资源局办公大楼去"讨说法"，未果，遂在该局办公大楼大吵大闹，"打横幅"，"喊口号"。该局办公室主任鲁某打"110"电话报警。某市公安局B区分局某派出所警察李某、蔡某到现场后将宣某传唤至派出所，6小时后才让宣某自行回家。数日后，B区公安分局以宣某扰乱公共秩序为由作出《行政处罚决定书》，决定给予其5日拘留、500元罚款。另查得，宣某户籍位于该市C区。

1. 宣某等18人对涉案通知可否直接起诉，为什么？
2. 宣某等18人对涉案通知起诉的，管辖法院如何确定？
3. 宣某等18人对涉案通知起诉的，建设银行A区支行可否作为第三人参加诉讼？
4. 涉案通知未载明所依据的具体条款是否合法？
5. 如宣某对《行政处罚决定书》起诉的，管辖法院如何确定？
6. 如宣某对被传唤和《行政处罚决定书》均起诉的，管辖法院如何确定？

参考答案

1. 可以直接起诉，因为涉案通知不属于对土地等自然资源所有权或者使用权的确认行为。根据《最高人民法院关于适用〈行政复议法〉第三十条第一款有关问题的批复》（法释〔2003〕5号），对行政机关确认土地、矿藏、水流、森林、山岭、草原、荒地、滩涂、海域等自然资源的所有权或者使用权的行政行为不服的案件才属于复议前置案件；涉及自然资源的所有权或者使用权的其他行政行为案件，均属于复议选择案件。

2. 由某市A区法院管辖。对涉案通知起诉的，市自然资源局为被告，管辖法院应当是基层法院。涉案通知导致不动产物权变动，故本案属于"因不动产提起的诉讼"，管辖法院应当是土地所在地法院。综合言之，本案应当由土地所在地基层法院（A区人民法院）管辖。

3. 建设银行A区支行可以作为第三人参加诉讼。根据《行政诉讼法》第29条，同被诉行政行为或者案件处理结果有利害关系的人，可以作为第三人参加诉讼。涉案通知收回的土地使用权是为建设银行A区支行改建为露天停车场，故涉案通知是否合法影响该支行的权益，故该支行有权作为第三人。

4.不合法。根据合法行政原则，没有法律、法规、规章的规定，行政机关不得作出影响公民、法人和其他组织合法权益或者增加公民、法人和其他组织义务的决定。因此，行政机关作出负担行政行为，相应的决定书必须载明依据的规范性文件名称及条款项。行政行为对所依据的条款应当予以具体说明而没有说明，属于适用依据错误。

5.由B区人民法院管辖。本案被告为B区公安分局，故由基层法院管辖；本案被诉行政行为仅是拘留、罚款处罚，故只能由被告所在地法院管辖。综合言之，本案由B区公安分局所在地的基层法院（B区人民法院）管辖。

6.由B区或C区人民法院管辖。《行诉法解释》第8条第2款规定，对行政机关基于同一事实，既采取限制公民人身自由的行政强制措施，又采取其他行政强制措施或者行政处罚不服的，由被告所在地或者原告所在地的人民法院管辖。传唤为限制人身自由的行政强制措施，故本案也可由原告所在地法院管辖。《行诉法解释》第8条第1款规定，"原告所在地"，包括原告的户籍所在地、经常居住地和被限制人身自由地。宣某户籍位于该市C区，故C区法院也可管辖本案。

考点08　行政诉讼参加人

考点精讲

1.原告资格的具体确定

（1）行政行为的相对人以及其他与行政行为有利害关系的自然人、法人或者其他组织，有权提起诉讼。有下列情形之一的，属于"与行政行为有利害关系"：

①被诉的行政行为涉及其相邻权或者公平竞争权的；②在行政复议等行政程序中被追加为第三人的；③要求行政机关依法追究加害人法律责任的；④撤销或者变更行政行为涉及其合法权益的；⑤为维护自身合法权益向行政机关投诉，具有处理投诉职责的行政机关作出或者未作出处理的；⑥其他与行政行为有利害关系的情形。

（2）债权人以行政机关对债务人所作的行政行为损害债权实现为由提起行政诉讼的，人民法院应当告知其就民事争议提起民事诉讼，但行政机关作出行政行为时依法应予保护或者应予考虑的除外。

（3）股份制企业的股东会、董事会等认为行政机关作出的行政行为侵犯企业经营自主权的，可以企业名义提起诉讼。

（4）联营企业、中外合资或者合作企业的联营、合资、合作各方，认为联营、合资、合作企业权益或者自己一方合法权益受行政行为侵害的，可以自己的名义提起诉讼。

（5）非国有企业被行政机关注销、撤销、合并、强令兼并、出售、分立或者改变企业隶属关系的，该企业或者其法定代表人可以提起诉讼。

（6）事业单位、社会团体、基金会、社会服务机构等非营利法人的出资人、设立人认为行政行为损害法人合法权益的，可以自己的名义提起诉讼。

（7）业主委员会对于行政机关作出的涉及业主共有利益的行政行为，可以自己的名义提起诉讼。业主委员会不起诉的，专有部分占建筑物总面积过半数或者占总户数过半数的业主可以提起诉讼。

2.起诉人不具备原告资格的处理

起诉人在起诉时就应当向法院提供与被诉行政行为具有利害关系的材料，即证明自己具有原告的诉讼主体资格。如起诉人不具备原告资格的，法院不予立案；

已经立案的，裁定驳回起诉。

3.被告资格理论

在具体案件中，能充当被告的组织，必须同时具备以下条件：一是具备行政主体资格；二是对被诉行政行为承担法律责任。

（1）行政机关具有行政主体资格。行政机关不仅需要对自己的行政行为承担法律责任，也需要对其组建并赋予行政管理职能但不具有独立承担法律责任能力的机构以自己的名义作出行政行为承担法律责任，而且还需要对其内设机构、派出机构或者其他组织行使行政职权作出的行政行为承担法律责任（除非法律、法规或者规章授权该内设机构、派出机构或者其他组织行使行政职权，且作出的行政行为与行使该行政职权相关）。

国务院、省级人民政府批准设立的开发区管理机构及其所属职能部门，具有行政主体资格；其他开发区管理机构是否具有行政主体资格，关键看当地地方性法规或地方政府规章是否授权其行使行政职权。如其他开发区管理机构没有行政主体资格的，当事人对该机构及其所属职能部门作出的行政行为不服提起诉讼的，以设立该机构的地方政府为被告。

（2）法律、法规、规章授权行使行政职权的组织（如村民委员会或者居民委员会，高等学校等事业单位以及律师协会、注册会计师协会等行业协会）具有行政主体资格。其中，法律、法规或者规章授权行使行政职权的行政机关内设机构、派出机构或者其他组织，超出法定授权范围实施行政行为，当事人不服提起诉讼的，应当以实施该行为的机构或者组织为被告。

（3）行政机关委托的组织所作的行政行为，由委托的行政机关承担法律责任，故由该行政机关作为被告。特别注意：没有法律、法规或者规章规定，行政机关授权其内设机构、派出机构或者其他组织行使行政职权的，属于委托。

（4）应当作为被告的行政机关被撤销或者职权变更的，继续行使其职权的行政机关是被告；没有继续行使其职权的行政机关的，以其所属的政府为被告；实行垂直领导的，以垂直领导的上一级行政机关为被告。

4.特殊行政行为案件被告确定

（1）两个以上行政机关作出同一行政行为的，共同作出行政行为的行政机关是共同被告。如原告对其中一个或者数个机关提起诉讼的，法院应当告知原告追加被告，原告不同意追加的，法院应当通知其以第三人的身份参加诉讼。

（2）当事人不服经上级行政机关批准的行政行为，向法院提起诉讼的，以在对外发生法律效力的文书上署名的机关为被告。但是，行政许可依法须经上级行政机关批准，当事人对批准或者不批准行为不服一并提起诉讼的，以作出行政许可决定的机关和上级行政机关为共同被告。

（3）行政机关统一办理行政许可的，当事人对行政许可行为不服提起诉讼，以对当事人作出具有实质影响的不利行为的机关为被告。

（4）行政机关应当依职权主动履行而不履行，当事人不服提起诉讼的，应当以负有法定职责的机关为被告。当事人向行政机关申请履行法定职责或给付义务，行政机关拒绝履行或者不予答复的，以作出答复的机关为被告；逾期未作出答复的，以受理申请的机关为被告。例如，行政许可依法须经下级行政机关或者管理公共事务的组织初步审查并上报，当事人对不予初步审查或者不予上报不服提起诉讼的，以下级行政机关或者管理公共事务的组织为被告。

5.县级以上地方政府行政诉讼被告资格

（1）法律、法规、规章规定属于县级以上地方政府职能部门的行政职权，县级以上地方政府通过听取报告、召开会议、组织研究、下发文件等方式进行指导，公民、法人或者其他组织不服县级以上地方政府的指导行为提起诉讼的，法院应当释明，告知其以具体实施行政行为的职能部门为被告。

（2）县级以上地方政府根据《城乡规划法》的规定，责成有关职能部门对违法建筑实施强制拆除，公民、法人或者其他组织不服强制拆除行为提起诉讼，法院应当根据《行政诉讼法》第26条第1款的规定，以作出强制拆除决定的行政机关为被告；没有强制拆除决定书的，以具体实施强制拆除行为的职能部门为被告。

（3）公民、法人或者其他组织对集体土地征收中强制拆除房屋等行为不服提起诉讼的，除有证据证明系县级以上地方政府具体实施外，法院应当根据《行政诉讼法》第26条第1款的规定，以作出强制拆除决定的行政机关为被告；没有强制拆除决定书的，以具体实施强制拆除等行为的行政机关为被告。

县级以上地方政府已经作出国有土地上房屋征收与补偿决定，公民、法人或者其他组织不服具体实施房屋征收与补偿工作中的强制拆除房屋等行为提起诉讼的，法院应当根据《行政诉讼法》第26条第1款的规定，以作出强制拆除决定的行政机关为被告；没有强制拆除决定书的，以县级以上地方政府确定的房屋征收部门为被告。

（4）公民、法人或者其他组织向县级以上地方政府申请履行法定职责或者给付义务，法律、法规、规章规定该职责或者义务属于下级政府或者相应职能部门的行政职权，县级以上地方政府已经转送下级政府或者相应职能部门处理并告知申请人，申请人起诉要求履行法定职责或者给付义务的，以下级政府或者相应职能部门为被告。

（5）县级以上地方政府确定的不动产登记机构或者其他实际履行该职责的职能部门按照《不动产登记暂行条例》的规定办理不动产登记，公民、法人或者其他组织不服提起诉讼的，以不动产登记机构或者实际履行该职责的职能部门为被告。

公民、法人或者其他组织对《不动产登记暂行条例》实施之前由县级以上地方政府作出的不动产登记行为不服提起诉讼的，以继续行使其职权的不动产登记机构或者实际履行该职责的职能部门为被告。

（6）县级以上地方政府根据《政府信息公开条例》的规定，指定具体机构负责政府信息公开日常工作，公民、法人或者其他组织对该指定机构以自己名义所作的政府信息公开行为不服提起诉讼的，以该指定机构为被告。

（7）被诉行政行为不是县级以上地方政府作出，公民、法人或者其他组织以县级以上地方政府作为被告的，法院应当予以指导和释明，告知其向有管辖权的法院起诉；公民、法人或者其他组织经法院释明仍不变更的，法院可以裁定不予立案，也可以将案件移送有管辖权的法院。

6.经复议案件被告确定

（1）经复议的案件，复议机关改变原行政行为的，复议机关是被告。

"复议机关改变原行政行为"，是指复议机关改变原行政行为的处理结果，具体包括复议机关作出的以下复议决定：①撤销、确认无效；②变更原行政行为处理结果；③责令被申请人履行法定职责；④确认原行政行为违法，但以违反法定程序为由确认原行政行为违法的除外。

（2）经复议的案件，复议机关决定维持原行政行为的，原行为机关和复议机关是共同被告；原告只起诉原行为机关或者复议机关的，法院应当告知原告追加被告。原告不同意追加的，法院应当将另一机关列为共同被告。行政复议决定既有维持原行政行为内容，又有改变原行政行为内容或者不予受理申请内容的，原行为机关和复议机关为共同被告。

"复议机关决定维持原行政行为"，是指复议机关未改变原行政行为的处理结果，具体包括复议机关作出的以下复议决定：①维持；②驳回复议申请或者复议请求的情形，但以复议申请不符合受理条件为由驳回的除外；③改变原行政行为所认定的主要事实和证据、改变原行政行为所适用的规范依据，但未改变原行政行为处理结果；④以违反法定程序为由确认原行政行为违法。

（3）复议机关在法定期限内未作出复议决定，当事人起诉原行政行为的，原行为机关是被告；起诉复议机关不作为的，复议机关是被告。

（4）法律、法规规定行政复议为提起行政诉讼必经程序的行政案件，复议机关作出不受理复议申请的决定或者以不符合受理条件为由驳回复议申请，复议申请人不服的，应当以复议机关为被告向法院提起诉讼。法律、法规未规定行政复议为提起行政诉讼必经程序的行政案件，复议机关作出不受理复议申请的决定或者以不符合受理条件为由驳回复议申请，复议申请人起诉原行政行为的，原行为机关是被告；起诉复议机关不作为的，复议机关是被告。

7.告错的处理

（1）"有明确的被告"是法院对起诉应当登记立案的条件之一。原告提供被告的名称等信息足以使被告与其他行政机关相区别的，可以认定为"有明确的被告"。起诉状列出的被告信息不足以认定明确的被告的，人民法院可以告知原告补正；原告补正后仍不能确定明确的被告的，法院裁定不予立案。

（2）"有适格的被告"是法院对案件进行实体审理的条件之一。原告所起诉的被告不适格的，法院不得以此为由不予立案，而应当告知原告变更被告；原告不同意变更的，裁定驳回起诉。

8.诉讼第三人

（1）公民、法人或者其他组织同被诉行政行为或案件处理结果有利害关系的，可以作为第三人参加诉讼。其中，应当追加被告而原告不同意追加的，人民法院应当通知其以第三人的身份参加诉讼，但行政复议机关作共同被告的除外；应当追加的原告，既不愿意参加诉讼，又不放弃实体权利的，应追加为第三人；行政机关的同一行政行为涉及两个以上利害关系人，其中一部分利害关系人对行政行为不服提起诉讼，法院应当通知没有起诉的其他利害关系人作为第三人参加诉讼。

（2）法院判决其承担义务或者减损其权益的第三人，有权提出上诉或者申请再审。同被诉行政行为或案件处理结果有利害关系的人，因不能归责于本人的事由未参加诉讼，但有证据证明发生法律效力的判决、裁定、调解书损害其合法权益的，可以自知道或者应当知道其合法权益受到损害之日起6个月内，向上一级人民法院申请再审。

（3）第三人经传票传唤无正当理由拒不到庭，或者未经法庭许可中途退庭的，不发生阻止案件审理的效果。法院应当通知其作为第三人参加诉讼而未通知的，属于"遗漏了必须参加诉讼的当事人"的情形，第二审法院应当裁定撤销原审判决，发回重审。

牛刀小试

刘某购买了某市A小区80多平方米的两居室。2020年7月20日，A小区以书面征求意见形式进行了业主委员会的选举，选举产生了A小区业主委员会，并审议通过了《A小区业主大会和业主委员会议事规则》和《A小区物业区域管理规约》。同年7月22日，A小区业主委员会向B街道办事处申请备案，并报送了业主委员会成立备案表、《A小区业主大会和业主委员会议事规则》、《A小区物业区域管理规约》、选举结果公告、业主委员会成员情况表等材料。B街道办事处进行审查后予以备案，并于同年8月4日向A小区业主委员会发出1号《业主委员会备案回执》。2020年9月4日，A小区业主委员会向C物业公司发出《业务联系函》，要求C物业公司在5个工作日内向A小区业主委员会移交小区所有的公共资料，并向

A小区业主委员会提供办公用房。2020年11月4日，刘某对B街道办事处1号《业主委员会备案回执》不服，向法院提起行政诉讼。

1.B街道办事处对A小区业主委员会的备案是否属于行政诉讼受案范围，为什么？

2.就B街道办事处1号《业主委员会备案回执》，刘某是否具有原告资格，为什么？

3.就B街道办事处1号《业主委员会备案回执》，C物业公司是否具有原告资格，为什么？

4.如法院对刘某起诉进行登记立案的，A小区业主委员会可作为何种当事人参加诉讼，为什么？

5.如B街道办事处对A小区业主委员会不予备案的，该未获备案的A小区业主委员会可否作为原告提起行政诉讼，为什么？

参考答案

1.对业主委员会的备案行为是否可诉，认识不尽统一，有两种看法。

一种意见认为不属于行政诉讼受案范围，理由是：《行诉法解释》第1条第2款第10项规定，对公民、法人或者其他组织权利义务不产生实际影响的行为，不属于人民法院行政诉讼的受案范围。业主委员会设立由业主共同决定，从事的活动也应由业主大会授权，而不是由行政机关的备案行为决定其设立和准予其从事法律活动。《物业管理条例》等法律、行政法规也未规定备案系业主委员会成立、变更或终止的生效要件。该备案性质主要目的是让行政机关通过备案知晓业主委员会相关活动情况，来指导、协助业主委员会开展自我管理。总之，备案行为对业主委员会的成立及合法性不产生实际影响。

另一种意见认为属于行政诉讼受案范围，理由是：其一，对业主委员会备案的目的并非在于限制备案事项法律效力的发生,而在于通过备案使业主委员会取得合法身份,取得公示公信的作用,从而使小区业主、物业公司等利益相关人知晓并尊重该备案事项。其二,对业主委员会备案是业主委员会对外活动的前提,使业主委员会取得具有公信力的主体资格。业主委员会先经过备案,备案机关才能向其出具备案证明。如业主委员会未经备案,将无法取得备案证明,也将无法获取合法印章。而没有合法印章,业主委员会将无法向外界表明其主体资格,无法代表全体业主履行相应职责。总之,业主委员会由业主大会选举产生,与备案虽不具因果关系,但对业主委员会备案已并非单一的告知式备案,还兼具审核、确认性质,即实际具有确认业主委员会地位的性质,对业主委员会的成立及合法性产生实际影响。该意见是司法实践中的主流做法。

2.单个业主就业主委员会备案是否具有原告资格,认识不尽统一,有两种看法。

一种意见认为,具有原告资格,理由是:《行政诉讼法》第25条第1款规定,行政行为的相对人以及其他与行政行为有利害关系的公民、法人或者其他组织,有权提起诉讼。业主大会、业主委员会是业主对物业进行自主管理的组织形式,其代表全体业主的共同利益和愿望,并对外行使权利。因此,对业主委员会备案或者不予备案,涉及业主的个体利益,单个业主应当具备原告资格。

另一种意见认为,不具有原告资格,理由是:虽然业主委员会的成立及业主委员会对小区物业事务的管理活动同每个业主的利益有关,但单个业主并不具有独立处分、决策小区物业事务的权利。对业主委员会备案,针对的是小区全体业主,并非针对单个业主。单个业主通常不足以代表小区全体业主的共有利益,个别业主的权益可通过业主大会实现。《行诉法解释》第18条规定,对于行政机关作出的涉及业主共有利益的行政行为,业主委员会不起诉的,专有部分占建筑物总面积过半数或者占总户数过半数的业主可以提起诉讼。该条似乎否认了单个业主的原告资格（除非该业主的专有部分占建筑物总面积过半数）。该意见是司法实践中的主流做法。

3. C物业公司不具有原告资格。对业主委员会备案的内容仅是认定小区业主委员会提交的备案材料是否齐全，是否符合业主委员会备案要求，完全没有与C物业公司权利义务有关的内容。故"对业主委员会备案"不实际影响物业公司的权益，即C物业公司与备案没有利害关系。

4. 作为第三人参加诉讼。《行政诉讼法》第29条第1款规定，同被诉行政行为或案例处理结果有利害关系的人，可以作为第三人参加诉讼。被诉备案是确认A小区业主委员会的主体资格，故A小区业主委员会与被诉备案具有利害关系。

5. 如B街道办事处对A小区业主委员会不予备案的，会影响该业主委员会取得对外具有公信力的主体资格，故可诉。业主大会选举产生的业主委员会（未备案）与行政机关对业主委员会不予备案有利害关系，但未备案的业主委员会对此是否具有原告资格，认识不尽统一，有两种看法。

一种意见认为，未获备案的业主委员会不具有原告资格，理由是：业主委员会具有诉讼主体资格的前提之一是"合法成立"。而获备案并依此刻制公章是证明业主委员会系合法成立的外观要件。既然未获备案，即不具有合法地位，故不具有诉讼主体资格。

另一种意见认为，未获备案的业主委员会具有原告资格，理由是：其一，《行政诉讼法》第25条第1款赋予了"行政行为相对人"的原告资格。国务院《物业管理条例》第16条第1款肯定了业主委员会在备案程序中具有备案申请人的地位。对业主委员会的不予备案，直接针对该作为申请人的业主委员会，即该业主委员会处于相对人地位。其二，在诉讼理论上，因行政行为导致组织的主体资格受影响的，不影响该组织对该行政行为的起诉资格，比如《行诉法解释》第16条第3款允许被注销的企业对该注销起诉。该意见是司法实践中的主流做法。

考点09　行政协议

考点精讲

1.行政协议，是指行政机关为了实现行政管理或者公共服务目标，与公民、法人或者其他组织协商订立的具有行政法上权利义务内容的协议。判断行政机关签订的合同是否属于行政协议，关键看合同内容是否涉及行政法上权利义务、行政机关是否行使行政职权或履行行政职责。

2.行政协议的种类包括：（1）政府特许经营协议。（2）土地、房屋等征收征用补偿协议。（3）矿业权等国有自然资源使用权出让协议。（4）政府投资的保障性住房的租赁、买卖等协议。（5）部分政府与社会资本合作协议。（6）其他。

行政机关之间因公务协助而订立的协议、行政机关与其工作人员订立的劳动人事协议，不属于行政协议。

3.行政协议的无效与可撤销：行政协议兼具行政性与合同性，在判断协议的效力上也适用民事规则。

（1）行政协议的无效：①行政协议存在重大且明显违法情形的，无效。②行政协议具有"合同性"，也可适用民事法律规范确认行政协议无效。行政协议无效的原因在一审法庭辩论终结前消除的，法院应认定为有效。

（2）行政协议的可撤销：行政协议存在胁迫、欺诈、重大误解、显失公平等情形，原告可请求法院撤销。

4. 发生行政协议争议，自然人、法人或者其他组织可以向法院提起行政诉讼，行政机关无权起诉，也无权反诉。

5. 管辖：当事人可协议管辖，但不得违反行政诉讼的级别管辖和专属管辖。

6. 诉讼时效：（1）行政机关单方变更、解除行政协议的，适用行政诉讼的起诉期限。（2）行政机关不依法履行、未按照约定履行行政协议的，参照民事法律规范的诉讼时效。

7. 当事人可依据民事法律规范的规定行使履行抗辩权。

8. 举证责任：（1）谁主张，谁举证。（2）例外：对于行政机关具有法定职权、履行法定程序、履行相应法定职责以及订立、履行、变更、解除行政协议等行为的合法性，由被告承担举证责任。

9. 法律适用：（1）程序问题，适用行政诉讼法规定；行政诉讼法无规定的，适用民事诉讼法的规定（补充适用）。（2）实体问题，适用行政诉讼法规定或民事合同的规定（选择适用）。

10. 预期违约：被告明确表示或者以自己的行为表明不履行行政协议，原告可在履行期限届满之前向法院起诉。

11. 行政协议案件可适用调解。

12. 判决

（1）被告变更、解除行政协议。

①合法变更、解除：在履行行政协议过程中，可能出现严重损害国家利益、社会公共利益的情形，被告合法作出变更、解除协议的，判决驳回原告诉讼请求；给原告造成损失的，判决被告予以补偿。

②违法变更、解除：被告违法变更、解除行政协议的，判决撤销或者部分撤销，并可以责令被告重新作出行政行为。也可以判决被告继续履行协议、采取补

救措施；给原告造成损失的，判决被告予以赔偿。

（2）被告不履行行政协议。

①合法不履行：被告或者其他行政机关因国家利益、社会公共利益的需要依法行使行政职权，导致原告履行不能、履行费用明显增加或者遭受损失，原告可请求被告给予补偿。

②违法不履行：被告未依法、依约履行行政协议，可以判决被告继续履行，并明确继续履行的具体内容；被告无法履行或者继续履行无实际意义的，可以判决被告采取相应的补救措施；给原告造成损失的，判决被告予以赔偿（可适用违约金、定金条款）。

牛刀小试

2004年1月13日，甲市土地收购储备中心受甲市肉类联合加工厂委托，经甲市国土资源局批准，在某日报上刊登了国有土地使用权公开挂牌出让公告，定于2004年1月30日至2004年2月12日在土地交易大厅公开挂牌出让TG-0403号国有土地使用权，地块位于甲市乙区，土地出让面积为23173.3平方米，开发用地为商住综合用地，冷藏车间维持现状，容积率2.6，土地使用年限为50年。

甲市A公司于2006年2月12日以投标竞拍方式并以人民币768万元取得了TG-0403号国有土地使用权，并于2006年2月21日与甲市国土局签订了《国有土地使用权出让合同》。该合同约定：出让宗地的用途为商住综合用地，冷藏车间维持现状；土地使用权出让金为每平方米331.42元，总额计人民币768万元。

2006年3月2日，甲市国土局向A公司颁发了第43750号和第43751号两本国有土地使用证，其中第43750号土地证地类（用途）为工业，使用权类为出让，使用权面积为8359平方米，第43751号土地证地类为商住综合用地。对此，A公司认为约定的"冷藏车间维持现状"是维持冷藏库的使用功能,并非维持地类性质,要求将其中一证地类由"工业"更正为"商住综合";但甲市国土局认为维持现状是指冷藏车间保留工业用地性质出让,且该公司也是按照冷藏车间为工业出让地缴纳的土地使用权出让金,故不同意更正土地用途。

2017年7月30日,甲市规划局向甲市土地收购储备中心作出《关于要求解释〈关于甲市肉类联合加工厂地块的函〉》中有关问题的复函,主要内容是:我局在2003年10月8日出具规划条件中已明确了该地块用地性质为商住综合用地(冷藏车间约7300平方米),冷藏车间维持现状。根据该地块控规,其用地性质为居住(兼容商业),但由于地块内的食品冷藏车间是目前我市唯一的农产品储备保鲜库,也是我市重要的民生工程项目,因此,暂时保留地块内约7300平方米冷藏库的使用功能,未经政府或相关主管部门批准不得拆除。

2018年2月21日,甲市国土局向A公司书面答复:(1)根据市规划局出具的规划条件和宗地实际情况,同意贵公司申请TG-0403号地块中冷藏车间用地的土地用途由工业用地变更为商住综合用地。(2)由于贵公司取得该宗地中冷藏车间用地使用权是按工业用地价格出让的,根据《城市房地产管理法》的规定,贵公司申请TG-0403号地块中冷藏车间用地的土地用途由工业用地变更为商住用地,应补交土地出让金。补交的土地出让金可按该宗地出让时的综合综合用地(住宅、办公)评估价值减去的同等比例计算,即297.656万元×70%=208.3592万元。(3)冷藏车间用地的土地用途调整后,其使用功能未经市政府批准不得改变。

A公司于2018年3月10日向法院起诉,要求判令甲市国土局将第43750号国有土地使用证上的地类用途由"工业"更正为商住综合用地(冷藏车间维持现状);撤销甲市国土局书面答复中第二项关于补交土地出让金208.3592万元的决定。

1.A公司与甲市国土局签订的《国有土地使用权出让合同》,属于行政协议还是民事合同，为什么？

2.如何确定本案的管辖？请说明理由。

3.甲市规划局的《关于要求解释〈关于甲市肉类联合加工厂地块的函〉》可否作为处理本案的依据，为什么？

参考答案

1.属于行政协议。行政协议，是指行政机关为了实现行政管理或者公共服务目标，与公民、法人或者其他组织协商订立的具有行政法上权利义务内容的协议。国有土地使用权出让合同，是指市、县人民政府土地管理部门作为出让方将国有土地使用权在一定年限内让与受让方，受让方支付土地使用权出让金的协议。国有土地使用权出让之目的仍为实现土地资源使用管理，高效配置有限土地资源，具有强烈的行政管理色彩；根据《行政许可法》第12条第2项，对"有限自然资源开发利用"赋予特定权利属于行政许可，故国有土地使用权出让属于行政许可，国有土地使用权出让合同是从协商民主和便于履行出发而采取了协议的方式，实际上属于行政许可的转换形式，仍具有行政性。因此，国有土地使用权出让合同尽管出让的是作为民事权益的国有土地使用权，但出让行为具有行政管理属性，故该合同属于行政协议。

2.本案由甲市乙区人民法院管辖。理由如下：（1）根据《行政诉讼法》第14~17条，本案应由基层人民法院管辖。（2）根据《行政诉讼法》第20条，因不动产提起的行政诉讼，由不动产所在地人民法院管辖。根据《行诉法解释》第9条第1款，"因不动产提起的行政诉讼"是指因行政行为导致不动产物权变动而提起的诉讼。A公司要求判令甲市国土局将第43750号国有土地使用证上的地类用途由工业用地更正为商住综合用地，这涉及不动产物权变动，本案应由该土地所在地

（甲市乙区）法院管辖。综合言之，本案应由甲市乙区人民法院管辖。

3.可作为处理本案的依据。甲市规划局的解释与挂牌出让公告明确的用地性质一致，且该解释是甲市规划局在职权范围内作出的，符合法律规定和实际情况，有助于树立诚信政府形象，并无重大明显的违法情形，具有法律效力，并对甲市国土局关于土地使用性质的判断产生约束力。

考点10　抽象行政行为

考点精讲

1.抽象行政行为是行政机关制定、发布的行政法规、规章和有普遍约束力的规范性文件。行政规范性文件是抽象行政行为的活动结果。所谓行政规范性文件，是指行政机关针对不特定对象发布的能反复适用的文件。判断是否属于抽象行政行为，关键看针对的人是否不特定以及针对的事项能否反复适用。

2.判断是否属于行政法规，关键看是否由国务院总理以国务院令形式公布的或者2000年7月1日前由国务院批准后国务院部门公布的。判断是否属于规章，关键看制定机关是否有权制定规章以及是否由该机关首长以命令形式公布的。有权制定部门规章的仅限于国务院组成部门、具有行政管理职权的直属机构、直属事业单位；有权制定地方政府规章的仅限于省、自治区、直辖市、设区的市、自治州和广东省东莞市、中山市、海南省三沙市、甘肃省嘉峪关市政府。

3.关于行政法规、规章的制定条件，注意以下三点：

（1）国务院根据宪法、法律或者全国人民代表大会及其常务委员会的授权决定，制定行政法规。

（2）国务院有关部门根据法律和国务院的行政法规、决定、命令，在本部门的权限范围内，制定规章。部门规章规定的事项应当属于执行法律或者国务院的行政法规、决定、命令的事项。没有法律或者国务院的行政法规、决定、命令的依据，部门规章不得设定减损公民、法人和其他组织权利或者增加其义务的规范，不得增加本部门的权力或者减少本部门的法定职责。

（3）省级和设区的市级政府，根据法律、行政法规和本省、自治区、直辖市的地方性法规，制定规章。没有法律、行政法规、地方性法规的依据，地方政府规章不得设定减损公民、法人和其他组织权利或者增加其义务的规范。设区的市级政府制定地方政府规章，限于城乡建设与管理、环境保护、历史文化保护等方面的事项。

4.当事人对抽象行政行为不服的，不得单独对其申请行政复议，也不得单独对其提起行政诉讼。当事人认为行政行为所依据的行政规定（也称"规章以下规范性文件"，即国务院之外的行政机关制定的除规章以外的规范性文件）不合法，在对行政行为申请行政复议或者提起行政诉讼时，可以一并请求对该规定进行审查。

牛刀小试

甲市为乙省所辖的一个设区的市。2013年7月甲市政府发布《关于印发〈甲市公交财政补贴资金管理暂行办法〉的通知》[甲府（2013）115号甲市政府第六届第十次常务会议决定]。胡某不服诉至法院。胡某诉称，其系残疾军人，依照《军人抚恤优待条例》第36条的规定，残疾军人优先购票乘坐境内运行的火车、轮船、长途公共汽车以及民航班机；残疾军人享受减收正常票价50%的优待。免费乘坐市内公共汽车、电车和轨道交通工具。但该《甲市公交财政补贴资金管理暂行办法》第12条第2项却规定，残疾军人超出市中心城区外乘坐城乡公交车的按实际发生额7折由个人付费。因公共汽车交通只有市内交通和长途交通之分，即使把城乡之间的交通视为长途交通，也应仅按5折收费。故该办法的此项规定与《军人抚恤优待条例》第36条的规定相抵触，依法应予以修改或变更。因甲市政府的行政行为侵害了胡某的合法权益，故应判令其赔偿胡某各项经济及精神损失2万元。

1.《甲市公交财政补贴资金管理暂行办法》属于具体行政行为还是抽象行政行为，为什么？

2.《甲市公交财政补贴资金管理暂行办法》是否属于地方政府规章，为什么？

3.法院对胡某的起诉应当如何处理？

参考答案

1.属于抽象行政行为。《甲市公交财政补贴资金管理暂行办法》，是行政机关针对不特定对象发布的能反复适用的行政规范性文件，具有普遍约束力。

2.《甲市公交财政补贴资金管理暂行办法》不属于地方政府规章，因为其并非以命令形式公布的。

3.法院应当裁定不予立案；已经立案的，裁定驳回起诉。根据《行政诉讼法》第13条第2项的规定，抽象行政行为不属于行政诉讼受案范围。胡某的起诉不符合法定起诉条件。

考点11　行政附带民事诉讼

考点精讲

行政附带民事诉讼，是由同一审判组织审理行政案件和相关民事争议，主要包括以下情形：（1）在涉及行政许可、登记、征收、征用和行政裁决的行政诉讼中，当事人申请一并解决相关民事争议的，法院决定一并审理的；（2）案件当事人一致同意相关民事争议在行政诉讼中一并解决，法院准许的；（3）检察院向法院提起行政附带民事公益诉讼的。

法律规定民事争议应当由行政机关先行处理的，受理行政案件的法院管辖民事争议违反民事诉讼法专属管辖规定或者协议管辖约定的，或者当事人对民事争议约定仲裁或者已经提起民事诉讼的，法院在行政诉讼中不得一并审理该民事争议。

🗒 牛刀小试

某省某市某区中医院建设综合楼时未建设污水处理设施，综合楼未经环保验收即投入使用，并将医疗污水经消毒粉处理后直接排入院内渗井及院外渗坑，污染了周边地下水及土壤。随后区中医院在进行建筑设施改建时，未执行建设项目的防治污染措施应当与主体工程同时设计、同时施工、同时投产使用的"三同时"制度，区生态环境局对区中医院作出罚款行政处罚和责令改正、限期办理环保验收的行政处理。区中医院因污水处理系统建设资金未到位，继续通过渗井、渗坑排放医疗污水。

在区中医院未提供环评合格报告的情况下，区卫健委对区中医院《医疗机构执业许可证》校验结果评定为合格。区检察院向区卫健委发出检察建议，建议该委依法履行监督管理职责，采取有效措施，制止区中医院违法排放医疗污水。区卫健委向区中医院发出整改通知，并向区检察院作出回复，但一直未能有效制止区中医院违法排放医疗污水，导致社会公共利益持续处于受侵害状态。经咨询某省生态环境厅，某市生态环境局、民政局，该省内没有符合法律规定条件的可以提起公益诉讼的社会公益组织。检察院向法院起诉，诉求判令区中医院立即停止违法排放医疗污水，确认区卫健委校验监管行为违法，并要求区卫健委立即履行法定监管职责责令区中医院有效整改建设污水净化设施。

1. 法院对本案如何立案？
2. 检察院可否向法院提起本案诉讼？
3. 本案起诉人和管辖法院如何确定？

参考答案

1. 对检察院"判令区中医院立即停止违法排放医疗污水"诉求作为民事案件予以立案，对"判令确认区卫健委校验监管行为违法，并要求区卫健委立即履行法定监管职责责令区中医院有效整改建设污水净化设施"的诉求作为行政案件予以立案。

2. 检察院可以向法院提起本案诉讼。检察院向法院提起的本案诉讼的实质是行政附带民事诉讼。检察机关在履行职责中发现负有监督管理职责的行政机关存在违法行政行为，导致发生污染环境、侵害社会公共利益的行为，且违法行政行为是民事侵权行为的先决或者前提行为，在履行诉前程序后，违法行政行为和民事侵权行为未得到纠正，在没有适格主体或者适格主体不提起诉讼的情况下，检察机关可以参照《行政诉讼法》第61条第1款，向法院提起行政附带民事公益诉讼，由法院一并审理。

3. 本案应某市检察院向某市中级法院提起，即起诉人为某市检察院，管辖法院为某市中级法院。行政公益诉讼和民事公益诉讼管辖级别不同：行政公益诉讼根据其被告确定管辖法院的级别，本案行政诉讼被告为区卫健委，故由基层法院管辖；民事公益诉讼由中级法院管辖，一般不由基层检察院管辖。而上级检察院可以办理下级检察院的案件，上级法院有权审理下级法院管辖的案件，故行政附带民事公益诉讼原则上应由设区的市级检察院向市中级法院提起。

考点12　行政公益诉讼

考点精讲

1.检察院在履行职责中发现生态环境和资源保护、食品药品安全、国有财产保护、国有土地使用权出让等领域负有监督管理职责的行政机关违法行使职权或者不作为，致使国家利益或者社会公共利益受到侵害的，应当向行政机关提出检察建议，督促其依法履行职责。行政机关应当在收到检察建议书之日起2个月内依法履行职责，并书面回复检察院；出现国家利益或者社会公共利益损害继续扩大等紧急情形的，行政机关应当在15日内书面回复。行政机关不依法履行职责的，检察院依法向法院提起诉讼。

检察院提起行政公益诉讼应当提交下列材料：（1）行政公益诉讼起诉书，并按照被告人数提出副本。（2）被告违法行使职权或者不作为，致使国家利益或者社会公共利益受到侵害的证明材料。（3）检察机关已经履行诉前程序，行政机关仍不依法履行职责或者纠正违法行为的证明材料。

2.检察院以公益诉讼起诉人身份提起公益诉讼，依照民事诉讼法、行政诉讼法享有相应的诉讼权利，履行相应的诉讼义务，但法律、司法解释另有规定的除外。检察院不服法院第一审判决、裁定的，可以向上一级法院提起上诉。法院审理第二审案件，由提起公益诉讼的检察院派员出庭，上一级检察院也可以派员参加。

3.行政公益诉讼的被告适用普通行政诉讼被告确定规则。按照被告及被诉行政行为类型等因素确定管辖法院，该管辖法院对应的检察院为该公益诉讼起诉人。

4.检察院提起公益诉讼案件判决、裁定发生法律效力,被告不履行的,法院应当移送执行。

牛刀小试

A公司在长江河道内未经许可非法采砂31万多立方米。某市B区水利局工作人员对A公司的非法采砂行为采取"不予处罚或单处罚款"的方式,帮助A公司规避监管,免予缴纳长江河道砂石资源费。

某市B区检察院发现B区水利局不履行行政管理法定职责后,向B区水利局发出督促履职令,督促B区水利局依法查处A公司非法采砂行为。收到督促履职令后,B区水利局一直未依法查处。

某市B区检察院提起诉讼,请求确认B区水利局不及时查处A公司非法采砂的行为违法,并判决责令B区水利局依法查处A公司的违法行为。

1.本案当事人如何确定?
2.B区检察院提起本案诉讼,应当对哪些事项承担举证责任?
3.如B区检察院对一审判决不服,可以如何处理?

参考答案

1.B区检察院为该行政公益诉讼的起诉人。B区水利局为该诉讼的被告。A公司为该诉讼的第三人。

2.B区检察院提起本案诉讼,应当就下列事项承担举证责任:(1)B区水利局违法不作为致使国家利益或者社会公共利益受到侵害;(2)B区检察院已经履行诉前程序,B区水利局仍不依法履行职责;(3)其起诉符合法定的其他条件。

3.B区检察院可以向某市中级人民法院提起上诉。

附录

法条检索定位导学

法考主观题考试官方提供电子法条供考生查阅，官方主观题电子法条系统按照部门法划分了各项具体法律、法规、司法解释等，并增加了搜索功能。

主观题考查科目为习近平法治思想、法理学、宪法、刑法、刑事诉讼法、民法、商法、民事诉讼法（含仲裁制度）、行政法与行政诉讼法、司法制度和法律职业道德。其中，涉及法条检索的科目为刑法、刑事诉讼法、民法、商法、民事诉讼法（含仲裁制度）、行政法与行政诉讼法。

一、检索方法

结合法考主观题考试界面，提供以下方法供考生参考。

（一）直接检索法

在知道法律文件准确名称的情况下，可以直接检索法律文件名称。

例如想检索《中华人民共和国刑法》，可以直接搜索"刑法"（若要提高检索效率，可输入"国刑法"），点击搜索框旁边的图标，可以跳转到下一个含有关键词的法律文件处。

提醒考生注意，检索时一定要输入法条的准确文件名称，输入日常惯用的简称是检索不到的，如刑事诉讼法中惯称的《高检规则》，其全称应为《人民检察院刑事诉讼规则》，检索"高检规则"则为无效检索。

（二）编章名称定位法

在知道法律文件准确编、章名称的情况下，可以输入编、章名称。如《民法典》第三编第一分编第六章应为"合同的变更和转让"，若输入"合同的变更与转让"则为无效检索。

一些法条名称较长或者记忆难度较大的法律文件名称，可以通过识记该文件典型章节名称，通过定位篇章来定位法律文件。如搜索"审查逮捕"，可以直接检索出三个文件：

- 《人民检察院刑事诉讼规则》
- 《最高人民法院、最高人民检察院、公安部、国家安全部、司法部关于办理刑事案件严格排除非法证据若干问题的规定》
- 《人民检察院办理未成年人刑事案件的规定》

考生可根据做题需要，点击跳转定位即可。

（三）关联法规定位法

法律法规汇编中很多司法解释是没有章节可供定位的，但是法律文件的位置是相对固定的（法律文件具体顺序以当年主观题考试系统为准），因此可以通过检索直接记忆重点名称的关键词，通过翻页找法条，也可以直接选取邻近的重点法条搜索。

如《最高人民法院关于审理行政许可案件若干问题的规定》的位置在《中华人民共和国行政许可法》之下，输入"行政许可法"定位至相应位置后，下拉即可找到《最高人民法院关于审理行政许可案件若干问题的规定》。

二、备考要点

结合上述检索方法，为提高法条检索定位能力，考生应熟悉以下内容：

第一，熟悉法律文件顺序（前后位置、相邻法律法规）。

第二，熟悉法律文件名称关键词。对于较长的文件，无须逐字记忆，掌握关键词即可快捷定位。

第三，熟悉法律文件的目录结构（前后位置、相邻章节）及章节准确名称。

第四，熟悉重点考点所涉关联法条并记忆法条序号，可快捷定位法条内容。

需要提醒考生的是，对法条内容的准确理解和把握是法条检索定位的坚实基础，结合题目反复练习才是提高法条检索定位能力的不二法门。